Hannelore Goos

Paulchen wird stark

Ein Kerzenritual zur Wunscherfüllung

Bibliografische Information der Deutschen Nationalbibliothek:
Die Deutsche Nationalbibliothek verzeichnet diese Publikation in der
Deutschen Nationalbibliografie; detaillierte bibliografische Daten sind
im Internet über http://dnb.d-nb.de abrufbar.

ISBN 978-3-7322-3344-1
Herstellung und Verlag: BoD - Books on Demand, Norderstedt

Ein Schwur vor dem Spiegel

Paulchen stand vor dem großen Spiegel im Schlafzimmer seiner Eltern. Nackt. Er sah sich sein Gegenüber von oben bis unten an und seufzte. Nichts. Nur Knochen und Haut. Was hatte seine Mutter neulich scherzhaft gesagt: „Wir können ihn ja immer noch als Modell an <Brot für die Welt> ausleihen." Das war kein Witz. An ihm war nichts dran, vor allem keine Muskeln. Er wollte gern stark sein, so stark wie die Jungen im Schulbus, die ihn immer schubsten. Die waren eigentlich kaum größer, aber stärker, so viel stärker!

Der Junge ließ enttäuscht den Kopf hängen und trabte zurück ins eigene Zimmer. Während er sich anzog, ging ihm sein Spiegelbild nicht aus dem Kopf. Bodybuilding – das wäre was. Da könnte er sich die Muskeln antrainieren, die ihm fehlten. Aber schon beim Überlegen wusste er, dass daraus nichts würde.

Als vor ein paar Wochen ein Sportcenter im nächsten Ort aufmachte, hatte er sich gleich Prospekte geholt. Sein Vater hatte nur kurz einen Blick darauf geworfen und geseufzt: „Zu teuer, mein Junge." Die Eltern hatten erst vor ein paar Monaten das Haus gekauft, in dem sie jetzt wohnten und das Geld war knapp. Außerdem, trainieren musste man regelmäßig, und wer sollte ihn in den Nachbarort fahren? Der Bus hinüber geht nur morgens und abends und für das Fahrrad war die Landstraße zu gefährlich. „Alles Mist!" schimpfte Paulchen in Gedanken.

Während dieser Überlegungen hatte er sich angezogen, T-Shirt und Hose, und überlegte, was er jetzt tun sollte. Der erste Tag der Sommerferien fing ja gut an.

Ohne nachzudenken war er zurück vor den Spiegel gelaufen. Auch mit Kleidern sah er nicht anders aus. Aber plötzlich packte ihn die Wut. Er wollte stark sein! Er wollte richtige Muskeln haben! Er wollte sich von niemand im Schulbus mehr herumschubsen lassen!

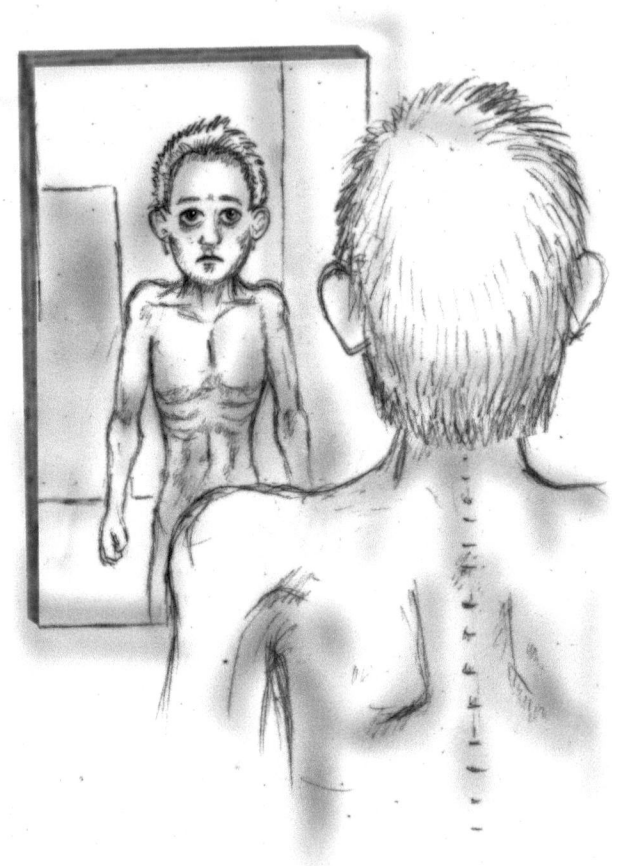

Sechs Wochen Ferien lagen vor ihm, und die wollte er nützen. Und das war wie ein Schwur: **‚Am Ende der Ferien werde ich nicht mehr derselbe sein wie jetzt!‘** schwor er seinem Spiegelbild. Und rannte die Treppe hinunter zum Frühstück.

Omas Vermächtnis

Im Haus war es seltsam still. Paulchens Eltern mussten natürlich arbeiten, denn nur Schüler und Lehrer haben sechs Wochen Sommerferien. Seine Vater war wie alle Tage im Büro, das war normal. Aber wenn er sonst aus der Schule kam, war seine Mutter schon wieder aus dem Bäckerladen zurück, in dem sie halbtags als Verkäuferin arbeitete. Um so merkwürdiger kam ihm jetzt das leere Haus vor. Was sollte er allein tun? Nach draußen konnte er nicht, denn ein Blick durchs Fenster ließ strömenden Regen sehen, und überhaupt, alle seine Freunde, mit denen er sonst spielte, waren verreist. Das würden langweilige Tage werden, bis seine Eltern auch Urlaub hatten.

Letztes Jahr war er in den großen Ferien zwei Wochen bei seiner Oma gewesen, einer strengen alten Dame, die ganz allein in einem großen Haus mit einem wunderschönen Blumengarten gelebt hatte. Das Jahr hindurch blühte es bei ihr und die Nachbarn in dem kleinen Dorf, wo sie gewohnt hatte, sagten immer: „Wir brauchen gar nicht zur Bundesgartenschau, Oma Kochs Blumengarten ist viel schöner!"

Paulchen fand die Blumen ja auch ganz nett, aber Oma hatte immerzu etwas zu tun für ihn, wenn er dort war: Abgestorbene Blüten an einem Busch abschneiden, wo sie nicht mehr hinaufreichte, Kompost mit dem schweren Schubkarren von einer Seite des Gartens zur anderen fahren, die Anzuchttöpfe fürs nächste Jahr sauber aufstapeln, die Ränder der grasbewachsenen kleinen Sitzfläche mit der Schere beschneiden, und vieles mehr. Bei Oma gab es immer Arbeit, aber sie bemerkte das gar nicht, denn sie war auch ständig am Werkeln und kannte kein Ausruhen.

Andererseits war ihm dort nie langweilig gewesen, obwohl es weder Fernsehen noch Computerspiele gab, die hatten ihm gar nicht gefehlt. Jeden Tag hatte er mit Geschäftigkeit verbracht und abends war er müde ins Bett gefallen. Wenn er so zurückdachte, war ihm, als sei er bei Oma Koch in ein früheres Jahrhundert versetzt worden.

Aber Oma Koch war nicht mehr da. So richtig verstanden hatte er nie, wie das gekommen war. Es war irgendwie merkwürdig gewesen, ausgerechnet am 30. Oktober, in der Schule hatten sie im Englischunterricht über Halloween geredet, da rief Oma plötzlich am Spätnachmittag an, sie sollten doch herauskommen, die Anderen seien auch schon da. Die Anderen, das waren seine Tanten Charlotte und Elisabeth mit ihren Männern und Kindern. Es war ihm gleich komisch vorgekommen, dass Tante Charlotte mitten in der Woche die fast 150 km zu Oma gefahren war. Und als Paulchen mit seinen Eltern ankam, war sogar Mutters Bruder da, Onkel Eberhard, ein eigenbrötlerischer Junggeselle, der sonst noch nicht einmal zu Weihnachten oder Geburtstagen in der Familienrunde zu sehen war! Oma hatte alle angerufen und alle waren gekommen.

Der Tisch war wie immer zum Abendbrot gedeckt, es gab Omas berühmten Kartoffelsalat und Regensburger Würste, alle erzählten sich gegenseitig Neuigkeiten und redeten wie immer durcheinander. Paulchen saß zwischen seinen Tanten und Onkel, Neffen und Nichten, aß Kartoffelsalat und Würstchen und fühlte sich komisch, so, als sollte er krank werden. Sein Herz klopfte und ihm war mulmig, als hätte er etwas angestellt. Als das Essen vorbei war, verteilte Oma die Nüsse der diesjährigen Ernte von ihrem großen Nussbaum. Das hatte sie bei ihrem Rundruf als Grund für das Treffen genannt, die Nüsse rechtzeitig für die Weihnachtsbäckerei zu verteilen. Und dann ging es schnell ans Abschiednehmen, denn einige hatten ja noch einen sehr weiten Weg nach Hause.

Paulchen war mit seinen Eltern der letzte, den sie beim Abschied umarmte, und er hörte sie noch leise übern Gartenzaun murmeln: „Schön, dass ich euch alle noch einmal gesehen habe!", aber da war er schon im Auto und Vater fuhr los.

Am nächsten Morgen war Oma tot. Paulchens Mutter hatte anrufen wollen, und, als niemand sich meldete, eine von Omas Nachbarinnen alarmiert. Die fand Oma dann friedlich in ihrem Bett eingeschlafen.

Jetzt gab es keine Ferienarbeit für Paulchen mehr. Omas Grundstück mit allem darauf war verkauft, und von ihrem Anteil hatten seine Eltern das neue Haus angezahlt, in dem sie jetzt wohnten. Von Oma war die Erinnerung geblieben, die Bilder in Fotoalben und ein paar Kisten mit Büchern, die keiner zu verkaufen gewagt hatte: „Bücher verkauft man nicht!" war eines von Omas eisernen Gesetzen gewesen, wenn Sachen für den Flohmarkt zusammengesucht wurden. Und ihre Kinder hatten sich auch nach ihrem Tod nicht getraut, gegen dieses Gebot zu verstoßen. Sie hatten die Bücher unter sich aufgeteilt, je nach ihren Interessen, und der Rest war bei Paulchens Eltern gelandet, die in ihrem Haus Platz dafür hatten.

Paulchen kannte die Kisten, genau sieben Umzugskisten, so schwer, dass die Möbelpacker geschimpft hatten. Jetzt standen sie in einer Ecke des „Hobbyraum" genannten Kellers, wo sonst noch allerlei selten Gebrauchtes aufbewahrt wurde: die Gartenmöbel im Winter, ein alter Vogelkäfig, ein Bücherregal, das nach dem Umzug noch keinen festen Platz gefunden hatte, alte Blumenübertöpfe, und noch allerlei Dinge, die zu schade zum Wegwerfen schienen.

Während Paulchen sich mit der Pad-Maschine einen Kaffee braute und das von Mutter vorbereitete Frühstücksbrot kaute, ging ihm dies alles durch den Kopf, und da war ihm klar, was er mit den leeren Ferienvormittagen anfangen konnte: Omas Bücher! Nie hatte er sie sich richtig angesehen, beim Aufteilen waren auch nur die Erwachsenen dabei, und er wusste gar nicht, was da eigentlich in den Kisten schlummerte. Vielleicht eine Komplettausgabe von Karl May? Oma war eigentlich alt genug gewesen, um so etwas zu besitzen. Nun, er würde es herausfinden. Vielleicht wurden diese Ferien ja doch nicht so langweilig, wie er erst gedacht hatte.

Fast eine Enttäuschung

Kaum hatte Paulchen den letzten Bissen seines Frühstücksbrotes mit dem Kaffee heruntergespült, da war er auch schon auf der Kellertreppe. Unten war es duster.

Doch die Tür, an der gleichen Stelle wie die Wohnzimmertür in der Etage darüber, war schnell gefunden. Nun brauchte er aber Licht, denn hinter dieser Tür kam erst ein kleiner, lichtloser Zwischenflur, von dem es rechts in ein Duschbad und links in den Hobbyraum ging. „Wer diese Dusche oder Toilette benutzt, muss sie selbst putzen!" hatte Mutter beim ersten Rundgang nach dem Umzug gedroht. „Das große Bad oben und das Gästeklo reichen mir." Da weder Paulchen noch sein Vater gerne putzten, wurde das kleine Badezimmer nie benutzt, und es kam selten jemand hierher.

Auch jetzt ging der Junge schnurstracks in den Hobbyraum. Hinten in der Ecke standen die gesuchten Bücherkisten aufgestapelt, unten drei, darauf wieder drei und die letzte oben drauf quer.

Um so besser, da konnte er die unteren gleich als Podest benutzen! Mit Hilfe eines alten Hockers kletterte auf den Rand des Kistenstapels und konnte jetzt bequem den obersten Karton öffnen, der nur eingefaltet war, wie das bei Umzugskisten so üblich ist. Irgend etwas fiel herunter, aber als Paulchen Ausschau hielt, konnte er nichts erkennen, denn das einfache Kellerlicht reichte kaum zum Fußboden, da war es eher dämmrig. Wahrscheinlich war es sowieso nichts Wichtiges. Der Inhalt der Kiste war sicher viel aufregender.

Es waren natürlich Bücher, wie erwartet. Aber die Titel waren merkwürdig: „Schicksal und Bestimmung", „Die Götter des Wandels", „Der Universalschlüssel zu einem erfolgreichen Leben", „Die Brücke zur Anderwelt", „Das Gesetz der Anziehung" – auch wenn einige klangen, als handele es sich um einen Abenteuerroman oder sonst etwas Spannendes, wenn Paulchen einen Blick hinein warf, wurde er immer stärker enttäuscht. Eins klang ganz vielversprechend:

„Wünschen und bekommen", aber es ging doch nur um einen Abraham, was sollte der damit zu tun haben? Die Bücher waren eine echte Enttäuschung. Fremdartige Wörter, oft noch dieser komische altmodische Druck, den er kaum lesen konnte, viel Blabla, aber nichts zu verstehen. Das war wohl kaum der gedachte Ferienspaß.

Er war schon fast bis zum Grund des ersten Bücherkartons gekommen, als ein paar lose Blätter seine Aufmerksamkeit erregten; kein Buch, einfach ein paar weiße Blätter, an den Rändern ziemlich knitterig, so, als seien sie oft gelesen worden. Die Schrift darauf stammte offensichtlich von einer dieser alten Schreibmaschinen, wo man Buchstabe für Buchstabe tippen musste. Die Blätter waren dicht beschrieben, manchmal waren Buchstaben übereinander, so als hätte es noch nicht einmal eine Korrekturtaste gegeben.

`Das Kerzenritual zur Wunscherfüllung` las er als Überschrift. Ritual? Das war doch eher etwas für die Kirche! Wunscherfüllung? Spontan fiel ihm sein Schwur vor dem Spiegel ein. Ob das vielleicht etwas für ihn war? Auf jeden Fall eine Abwechslung an den langweiligen Ferientagen. `Das Kerzenritual soll helfen, Wünsche in Erfüllung gehen zu lassen.` Wie bitte? Man kann seine Wünsche selbst in Erfüllung gehen lassen? Das soll man glauben? Erst einmal weiterlesen: `Es handelt sich hierbei um eine Technik, die jeder leicht ausüben kann, der sich wenigstens fünf Minuten lang zu konzentrieren vermag.` Klappklapp! Ein plötzliches Geräusch ließ ihn erschrocken zusammenzucken. Ach so – das war nur der Briefschlitz in der Haustür. Aber die Post kam doch erst um halb zwölf! Ein Blick auf seine Uhr zeigte ihm, dass tatsächlich der Vormittag fast vergangen war.

In einer halben Stunde würde Mutter nach Hause kommen. Schnell packte er alle Bücher wieder zurück in die Kiste, nur die Schreibmaschinenblätter behielt er. Wohin damit? Da er wusste, dass auch in seinem Zimmer keine Ecke vor dem Putztuch seiner Mutter sicher war, legte er sie einfach zuoberst auf die Bücher und verschloß die Kiste, wie sie gewesen war. Morgen, freute er sich, morgen würde er darin weiterlesen.

Kurz darauf kam Mutter nach Hause, und während sie schnell Essen machte, hatte sie schon wieder tausend Aufträge für ihn. Am Nachmittag hatte der Regen aufgehört und es gab Arbeit im Garten. ‚Fast wie bei Oma‘, dachte er einen Augenblick. Aber so schön wie Omas Garten würde es wohl nie mehr einen geben.

Während er die Ränder zwischen Rasen und Blumenbeet mit der Schere bearbeitete, kamen ihm die morgens gelesenen Worte nicht mehr aus dem Sinn. Wünsche erfüllen – eigentlich hatte er ja nur einen Wunsch, nämlich nicht mehr so dünn und schwächlich zu sein. Aber ob ein Ritual da helfen kann? Das war eigentlich doch nur etwas für die Kirche, und damit wollte Paulchen eigentlich nichts zu tun haben. Aber so wie die Blätter aussahen, waren sie vielmals gelesen und benutzt – vielleicht war doch etwas dran? Er beschloss, erst einmal weiter zu lesen, ein Versuch konnte ja nichts schaden und dann waren wenigstens die Ferien nicht so langweilig.

Erst nach dem Abendbrot, während er mit Vater vor dem Fernseher saß und die Sportschau guckte, kamen ihm die Worte wieder in den Sinn: Wer sich zumindest fünf Minuten lang zu konzentrieren vermag, als genau in diesem Moment Vater rief: „Da, der Chinese, der kann sich konzentrieren!“

Da erst sah er genauer hin, er hatte gar nicht gemerkt, dass es um Tischtennis ging. Der fremdländisch aussehende Junge, den Vater als „Chinese“ bezeichnet hatte, stand regungslos in einer Ecke, den Tischtennisschläger flach vor der Nase und einen Ball darauf, der völlig regungslos auf der glatten Fläche lag. So hatte er wohl schon einige Minuten gestanden.

Paulchen ging es wie ein Blitz durch den Kopf: Das war es! So konnte er auch üben, bis er es auf mindestens fünf Minuten brachte.

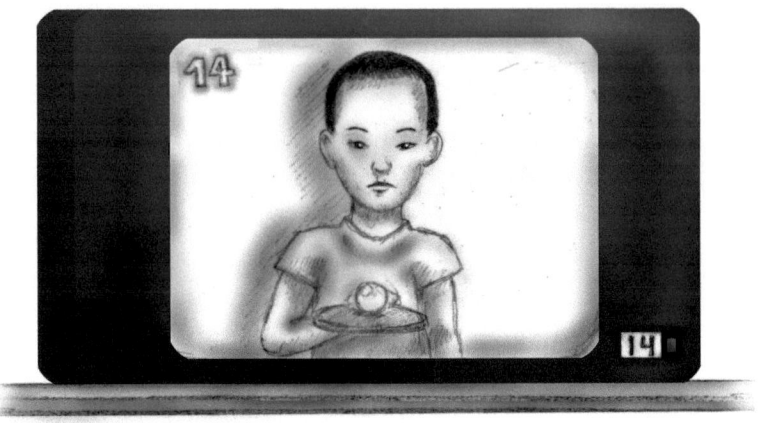

Irgendwo lag noch ein alter Tischtennisschläger und ein Ball ließ sich sicher auch finden. Also diese Bedingung würde sich erfüllen lassen. Und dann konnte er sich mit diesem Ritual versuchen, was immer das sein mochte.

Eine folgenschwere Lektüre

Am nächsten Morgen war Paulchen aus dem Bett, kaum dass die Haustür hinter den Eltern zugeschlagen war. Während er das Frühstück herunterschlang, überlegte er sein weiteres Vorgehen. Erst einmal musste er herausfinden, was dieses Wort „Kerzenritual" eigentlich bedeuten sollte. Aber wie? Am einfachsten wäre ja eine Suche im Internet, aber hier auf dem Dorf gab es nur teures ISDN und ungefragte Benutzung hatten die Eltern streng verboten.

Vielleicht das Lexikon? Vater hatte so ein 20bändiges, 20 rote Taschenbücher, in denen er immer nachschlug, wenn es ihm bei einer seiner geliebten Quizsendungen zu langsam ging. Schnell war der richtige Band gefunden. **Kerygma, Kerze, Kerzenbaum, Kescher, …** dazwischen – nichts! Enttäuscht legte er das Buch zurück.

Irgendwie musste herauszufinden sein, was „Kerzenritual" bedeutet. Vielleicht ist es einfach nur eine Kombination der beiden Wörter, also „Kerzen" und „Ritual"? Was Kerzen sind, wusste er ja. Aber die Verbindung mit dem Wort Ritual war unklar. Also noch einmal das Lexikon, Band QR: **Rittmeister, Rittner, Ritualbücher, Ritus, …** Wieder nichts. Auch unter „Ritualbücher" war nur die katholische Kirche genannt, aber das wusste er ja schon und überhaupt war er evangelisch. Das Lexikon war auch keine Hilfe. Jetzt konnte er nur noch auf Omas Papiere hoffen.

Also ab in den Keller, um endlich diesen Text zu lesen. Es dauerte keine fünf Minuten und Paulchen hatte die Blätter wieder in den Händen. Diesmal schloss er die Bücherkiste wieder und nahm nur die Papiere mit in sein Zimmer. Am vorigen Abend hatte er sich überlegt, dass er sie gut in den Schuber zwischen seine Tierzeitschriften schieben konnte. Da würde niemand nachsehen.

Gemütlich auf sein Bett gekuschelt, fing er mit dem ersten Blatt an.

Das Kerzenritual zur Wunscherfüllung

Das Kerzenritual soll helfen, Wünsche in Erfüllung gehen zu lassen. Es handelt sich hierbei um eine Technik, die jeder leicht ausüben kann, der sich wenigstens fünf Minuten lang zu konzentrieren vermag.

Einfache Kerzenrituale sind weit verbreitet: Wenn man die Kerzen auf der Geburtstagstorte mit einem Atemzug ausbläst, bedeutet das Glück fürs nächste Lebensjahr. Adventskerzen leiten zu Weihnachten und wenn man an jemanden denkt, der weit weg ist, stellt man eine Kerze ins Fenster.

Mit einem großen Kerzenritual kann man jedoch zu jeder Zeit Wünsche für sich selbst in Erfüllung gehen lassen. Das gilt aber nur für solche Wünsche, die auch erfüllbar sind, nicht für unnatürliche Wünsche, wie z.B. blonde Haare, wenn man schwarzhaarig geboren wurde, und auch keine für jemand anderen.

Da man mit einem Kerzenritual nur Wünsche für sich selbst in Erfüllung gehen lassen kann, ist klar, dass man sich nichts Böses wünscht.

Eine Technik um sich Wünsche zu erfüllen? Paulchen konnte es kaum glauben. So etwas sollte es geben? Das passte doch gar nicht zu Oma, von der der Kisteninhalt sein sollte. Oder vielleicht doch?

Da fiel ihm der Anfang des Märchens „Froschkönig" wieder ein:

In den alten Zeiten, als das Wünschen noch geholfen hat, lebte ein König …

In der Schule hatten sie das als Musikstück aufgeführt und er hatte den Text gesprochen. Schon damals fand er die Formulierung komisch. Gab es eine Zeit, als man sich einfach etwas wünschen konnte, und es passierte auch? Oma schien etwas davon gewusst zu haben, das verrieten diese Blätter.

Schnell las er weiter.

Vom richtigen Wünschen

Das Wichtigste ist das richtige Wünschen.
Jeder kennt die Märchen, in denen jemand drei
Wünsche frei hatte, und sie mit Unsinn vertat.
Das kann man also richtig oder falsch machen.

Jeder Wunsch muß ganz genau bestimmt sein,
sonst kann das Ergebnis ganz anders aussehen,
als man es sich dachte. So kann "Obst in einer
Schale" einfach nur eine Banane sein oder
"Sonne am Strand" eine Flasche Parfüm diesen
Namens.

Durch einen falschen Wunsch kann man sich
aber auch ganz gewaltigen Ärger machen. Wenn
man sich z.B. Schmerzen aus einem Finger weg-
wünscht, möchte man sicher nicht, daß der
Finger abgeschnitten werden muß. Und wenn man
neue Freunde finden will, dann nicht deshalb,
weil man wegen einer Wohnungskündigung
umziehen muß.

Am besten stellt man sich genau vor, wie es
aussehen soll, wenn der Wunsch in Erfüllung
gegangen ist. Das schreibt man auf, noch
besser, man macht ein Gedicht daraus oder man
malt ein Bild davon. Auf jeden Fall sollte
man sich genug Zeit lassen, bis der Wunsch
ganz klar ist. Vorher hat es gar keinen Sinn
anzufangen.

Was sollte jetzt wieder der Unsinn mit „richtigem Wünschen"? Das war doch ganz einfach: Er brauchte sich nur an seinen Schwur vor dem Spiegel erinnern. In demselben Moment hatte er auch schon einen Vers im Kopf.

> Ich will stark sein wie ein Bär
> Und wie ein Elefant so schwer!

Einen Moment sah sich Paulchen so - oh nein! Das wäre ja ein Monster! Er wollte doch kein Monster werden! Er wollte doch nur ein paar Muskeln, ein bisschen im Fitness-Studio trainieren … Tatsächlich, so einfach ist es mit dem Wünschen gar nicht.

Obwohl er versuchte weiter zu lesen, ging ihm das nicht mehr aus dem Kopf. Was will ich eigentlich genau? Aber Wörter, oder gar ein Gedicht wollten ihm einfach nicht einfallen. Das Lesen ging auch nicht mehr. Die Wörter kamen gar nicht mehr an. Seufzend legte er die Blätter zwischen seine Tierzeitschriften. Was jetzt?

Da fiel ihm der Tischtennis-Junge wieder ein. Konzentration üben, das hatte er sich ja auch noch vorgenommen. Bald war der Tischtennisschläger gefunden, ein Ball war auch noch dabei und jetzt nur noch der Küchenwecker. Fünf Minuten! Ist das nicht viel zu kurz?

Paulchen stellte den Wecker mutig auf sechs Minuten, hielt den Schäger in Augenhöhe und legte den Ball darauf, so wie er es im Fernsehen gesehen hatte. Ein paar Atemzüge lang lag der Ball ganz ruhig, dann begann seine Hand zu zittern. Er versuchte sich zu konzentrieren. Ganz ruhig bleiben! Es sind doch nur Minuten. Aber der Ball begann hin und her zu rollen, immer mehr musste Paulchen korrigieren, dann – platsch – sprang er auf dem Boden auf. Ein Blick auf den Wecker: Das war ja noch nicht einmal eine Minute! War der Wecker kaputt? Er schüttelte ihn ein bisschen, aber seufzend musste er sich eingestehen, dass es wohl nicht am Wecker lag. So einfach war es also nicht mit den fünf Minuten Konzentration.

Ein neuer Versuch. Diesmal stellte er gar nicht erst den Wecker. Der Ball lag auch ganz ruhig, da fiel sein Blick aufs Bett: ‚Das muss ich ja auch noch machen‘ und – klonk – das wars! Wieder nichts. Besser konzentrieren! Beim nächsten Versuch hielt er den Blick starr auf den Tennisball gerichtet. ‚Der ist aber auch schon ganz schön alt, wann habe ich eigentlich das letzte Mal …‘ – da war er schon wieder abgelenkt und aus!

Sein Lehrer fiel ihm ein. Der hatte auch gesagt: „Wenn du nicht so unkonzentriert wärst, könntest du viel bessere Leistungen abliefern." Wie konnte er nur dieses Problem lösen? Ziemlich ratlos gab er erst einmal auf. Aber jetzt musste er sich eilen. Die Post war schon vor einer Weile gekommen, Mutter würde auch bald da sein: Die Blätter verstecken, Bett machen, Frühstückstisch abräumen … morgen ist auch noch ein Tag.

Noch'n Gedicht

Als Vater beim Abendbrot so beiläufig fragte: „Und, was macht der Herr so den ganzen langen Tag?", fiel es ihm wieder ein. „Ich wollte etwas für die Schule tun (so ganz gelogen war das ja nicht), Konzentration üben, weißt du, so wie dieser Tischtennisjunge gestern im Fernsehen, aber ich kriege es nicht hin. Dauernd muss ich noch an etwas Anderes denken, und schon ist die Konzentration wieder futsch!" Vater wechselte mit Mutter einen schnellen Blick und die nickte kaum merkbar. „Also dich konzentrieren willst du lernen – so, so. Und wie hast du das gemacht?" Paulchen erklärte seinen ‚Versuchsaufbau', den Tischtennisschläger und das Balancieren des Balls. „Der Anfang ist schonmal nicht schlecht, aber du musst nicht nur den Ball, sondern auch deine Gedanken kontrollieren!" – „Und wie macht man das?" Insgeheim war er erstaunt, dass sein Vater anscheinend über so etwas Bescheid wusste. „Es gibt verschiedene Techniken, eine einfache ist, den Kopf mit immer dem gleichen Satz beschäftigt zu halten, am besten einem mit Rhythmus aus einem Gedicht. Den kann man auch vor sich hin murmeln oder nur denken. Versuch das mal!"

Schon wieder ein Gedicht! Dabei waren sie das Langweiligste, was es im Deutschunterricht gab, möglichst schnell vergessen nach dem Aufsagen. Außerdem war das schon fast ein Jahr her, dass er das letzte gelernt hatte, ein Herbstgedicht von so einer modernen Dichterin. Damals hatte er es öde gefunden.

Ich mach ein Lied aus Stille.
Ich mach ein Lied aus Licht.

Passt aber eigentlich doch ganz gut! Vielleicht sollte er es damit versuchen. Im Kopf begann er zu skandieren: „Ich **mách** ein **Líed** aus **Stíl**le, ich **mách** ein **Líed** aus **Lícht**. Ich **mách** ein **Líed** aus **Stíl**le, ich **mách** ein **Líed** aus **Lícht**. Ich **mách** ein **Líed** …" Der Gedanke gefiel ihm. Morgen würde er es ausprobieren.

,Heute ist schon Mittwoch und es ist noch gar nichts passiert' dachte er beim Aufwachen am nächsten Morgen. Von den Blättern hatte er gerade mal zwei gelesen und seinen Wunsch hatte er auch noch nicht richtig fixiert. Sollte er damit anfangen? Aber ihm fiel nichts ein!

Als er nach dem Frühstück in sein Zimmer zurückkam, eigentlich um weiter zu lesen, fiel sein Blick auf den Schreibtisch. Da lagen noch die Schulsachen, die er für die Sommerferien mit nach Hause gebracht hatte. Sein Zeichenblock! Zeichnen hatte ihm schon immer Spaß gemacht und da setzte er sich jetzt dran und begann ein Blatt zu füllen: Paulchen beim Lauftraining, Paulchen am Punching-Ball, Paulchen macht Liegestützen … Zwischendurch guckte er auf den Prospekt vom Sportcenter, damit er auch alles richtig zeichnete. Er steigerte sich so richtig hinein und vergaß alles um sich.

„Was ist denn hier los?" tönte es plötzlich von der Tür. Paulchen

schreckte richtig zusammen. Ohne Nachzudenken legte er schnell ein paar lose Blätter über seine Zeichnung. „Kein Bett gemacht,

Frühstückstisch nicht abgeräumt!" Mutter war zurück, es war schon Mittag! Er hatte völlig die Zeit vergessen.

Beim Mittagessen erklärte Mutter ihm, dass er am Nachmittag wieder allein sein würde: Sie hatte einen Frisörtermin. Das war eigentlich nicht schlimm, nein, das war super! Da konnte er sein Bild fertig zeichnen! Sofort nachdem die Haustür hinter Mutter zugefallen war, lief er nach oben und betrachtete sein Werk vom Morgen.

Irgend etwas stimmte nicht: Er sah ja immer gleich aus, gleich dünn wie jetzt! Das musste korrigiert werden. An der ersten Station ließ er es so. An der zweiten zeichnete er sich ganz schwache Rundungen an Armen und Beinen, an der dritten auch und die Schultern ein bisschen breiter … Er wollte ja nicht für nichts trainieren! Jetzt war er mit seinem Bild zufrieden. Vorsichtig schob er es in den Zeichenblock und nahm das nächste Blatt von Oma in Angriff.

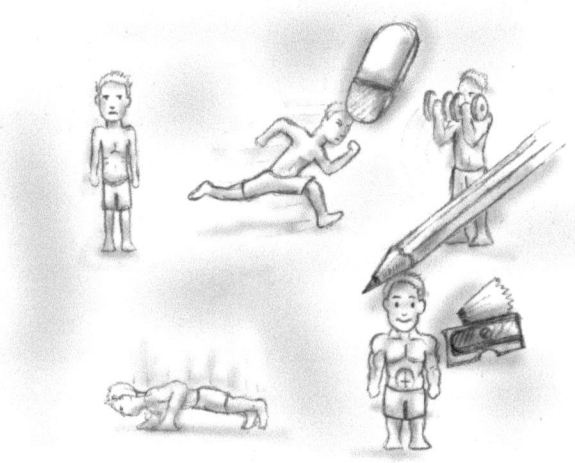

19

Wenn man einen Wunsch durch ein Kerzenritual so verstärken möchte, daß er in Erfüllung geht, kommt es darauf an, möglichst viele Dinge zusammenzutragen, die mit der Erfüllung des Wunsches harmonieren.

Diese Dinge sind nicht nur die Kerzen, die Farben und Licht beisteuern, sondern auch duftendes Salböl, Räucherwerk, Blumen, Musik und passende Kleidung. Schließlich werden auch Mondphase und Wochentag für das eigentliche Ritual entsprechend gewählt.

Dies alles wird zur gewählten Stunde an einem Ort zusammengetragen, um das Ritual durchzuführen. Der Ort spielt selbstverständlich auch eine wichtige Rolle. Er kann im Haus sein oder im Freien, auf jeden Fall geschützt vor allen Störungen, auch längere Zeit, denn ein Kerzenritual geht, bis die Kerzen ausgebrannt sind.

Außerdem sollte es einen Tisch oder großen flachen Stein geben, wo man alle Ritualsachen so aufbauen kann, daß sie die Erfüllung des Wunsches darstellen.

Paulchen sah sich im Zimmer um. Das Bett war schon wieder krumpelig vom Draufliegen, der Schreibtisch noch voller Schulsachen, der Papierkorb müsste auch wieder geleert werden und das schmutzige Glas von gestern war auch noch nicht wieder in der Küche. Also wenn er hier sein Ritual abhalten wollte – und selbst aufgeräumt war der Raum nicht wirklich feierlich!

Außerdem würde es ab nächster Woche selbst vormittags nicht mehr allein sein, dann hatten seine Eltern nämlich auch Urlaub. Zwar wollten sie nicht wegfahren, sondern nur ein paar Ausflüge machen, einige ihrer geliebten Mittelaltermärkte aufsuchen, aber ungestört war Paulchen dann sicher nicht mehr.

Also, wo konnte er sein Ritual durchführen?

Da fiel ihm das Gestrüpp wieder ein, das er vor ein paar Wochen gefunden hatte, als er im Dorf herumstrolchte, um es kennen zu lernen. Mitten im Dorf war ein Hang, total verwachsen mit Büschen und einzelnen Bäumen. Es war kein Zaun darum, deshalb hatte er eine alte Frau von gegenüber gefragt, wem der Platz gehöre.

„Niemand, also der Gemeinde vielleicht, aber die macht da nichts. Früher war das unsere Bleiche, ganz mit ganz feinem Gras bewachsen, da durfte nichts anderes wachsen! Jeder hat mitgeholfen, denn jeder wollte ja seine Wäsche schön weiß haben!" war die Antwort.

Paulchen verstand nur die Hälfte. Was hatte Gras mit weißer Wäsche zu tun? Wäsche bekam doch grüne Flecken davon. Aber dass der Platz „niemandem" gehörte, hatte er behalten. Er war noch ein paar Mal vorbeigekommen, aber anscheinend ging kein Mensch dorthin.

Die Dorfjungen hatten ihre eigenen Plätze, sie bildeten vom Kindergarten an eine gemeinsame Clique, gingen alle zusammen in die gleiche Gesamtschule und wollten von ihm nichts wissen. Auf diese Gesamtschule hatte er eigentlich auch gehen wollen, aber er wurde nicht angenommen. Die Klassen waren voll und der Direktor hatte den Eltern klar gesagt: „Wer nicht ab der 5. Klasse bei uns sein will, für den haben wir auch später keinen Platz!" Also blieb er auf seinem Gymnasium und hatte im Dorf keine Freunde.

Jetzt in den Ferien fuhr auch kein Schulbus zu den Klassenkameraden und sein bester Freund war sowieso verreist.

Im „Gestrüpp", wie er den Ort nannte, könnte sich also eine gute Stelle für ein Ritual finden lassen, wenn es trocken war. Doch seit Montag mittag war der Regen verschwunden und es war auch nicht angesagt, dass er wiederkommen würde. Leider, denn das hieß bald: Jeden Tag im Garten beim Gießen helfen.

Am liebsten wäre Paulchen gleich hingelaufen und hätte seinen Platz gesucht, aber er sollte das Haus nicht verlassen – Vater erwartete Sendungen von einem Paketdienst.

Also Konzentration üben. Während er Schläger und Tennisball zusammensuchte, fing er im Kopf schon an: „Ich **mách** ein **Líed** aus **Stílle**, ich **mách** ein **Líed** aus **Lícht**. Ich **mách** ein **Líed** aus **Stílle**, ich **mách** ein **Líed** aus **Lícht**. Ich **mách** ein **Líed** …"

Als in seinem Kopf nur noch dieser Vers war, versuchte er die Balancierübung erneut. Diesmal schien es besser zu gehen. ‚Jetzt stehe ich aber schon ewig hier!' unterbrach ein Gedanke den inneren Singsang. Platsch! Der Tennisball war unten. Ein Blick auf die Uhr, naja, diesmal waren es schon drei Minuten.

Mit noch etwas Üben würde er das schon hinkriegen. Und dann würde sein Lehrer aber staunen, wie gut er sich konzentrieren konnte!

Der heimliche Platz

Am nächsten Morgen musste Paulchen erst einmal helfen – Mutter hatte frei, denn sie war in dieser Woche samstags an der Reihe. Nach drei sonnigen Tagen war zuerst Gießen im Garten dran. Paulchen hasste das Kannenschleppen von den Regenwassertonnen zu den Beeten, aber der Schlauch war tabu, denn Trinkwasser war viel zu teuer. Um Wasser zu sparen, musste es mit der Kanne vorsichtig unter den Pflanzen verteilt werden.

Anschließend sollte er in seinem Zimmer staubwischen und saugen. Die alten Schulsachen waren auch noch wegzuräumen (den Block mit seinem Wunschbild schob er unauffällig unter die Schreibtischauflage), das Bett abzuziehen und Schuhe zu putzen. Was seiner Mutter auch immer noch einfiel! Paulchen war gar nicht aufgefallen, wieviel Arbeit im Haus für ihn liegengeblieben war.

Dafür gab es mittags Milchreis mit Zucker und Zimt. Vater mochte solche süßen Sachen nicht, deshalb gab es sie selten und Paulchen genoss seine Portion. „Ich glaube, ich gehe nachher mal ein bisschen ins Dorf" informierte er seine Mutter beim Essen. „Willst du dich mit jemand treffen?" – „Nein, die sind doch alle in Ferien. Ich habe einfach Lust herumzulaufen." – „Na dann viel Spaß!" wünschte sie ihm. Nach dem Tischabräumen konnte er losziehen,

Im Dorf war niemand zu sehen. Aber er traute den Fenstern nicht. Viele Alte hatten ja den ganzen Tag nichts Anderes zu tun, als hinter der Gardine zu sitzen und die Straße zu beobachten. Also ging er erst die Straße links vom Gestrüpp hoch und schlüpfte dann an dessen Ende rechts zwischen Büsche und Zaun zum Nachbargrundstück. Uff, das war ja ganz schön eng hier! Er musste aufpassen, dass sein T-Shirt sich nicht verhakte. Aber die enge Stelle war nur zwei Büsche weit. Dann war er plötzlich auf einem kleinen freien Platz. An dessen oberen Rand stand ein wilder Walnussbaum, unter dem natürlich nichts wuchs. Rechts und links wuchsen große Holunderbüsche, nach unten waren wieder dornige Sträucher mit Brombeerranken verwachsen. ‚Was für ein toller Platz!' schoss es Paulchen durch den Kopf. Und anscheinend kam niemand hierher: Keine alten Flaschen, keine Zigarettenkippen oder Papierreste, nur Nussbaumblätter lagen auf dem Boden. ‚Fegen müsste ich aber hier' überlegte er.

Aber mit einem Besen durchs Dorf laufen? Die Geschichte fiel ihm ein, dass im Mittelalter Menschen glaubten, Hexen würden auf Besen reiten, weil sie gesehen hatten wie Frauen mit einem solchen Gerät in den Wald zogen. Für so etwas wollte er nicht gehalten werden! Es durfte ja auch niemand von seinem „Ritualplatz" wissen, sonst wäre er dort bald nicht mehr ungestört. Da musste er sich etwas einfallen lassen. Auf jeden Fall hatte er den richtigen Platz gefunden. Jetzt konnte es weiter gehen mit den Vorbereitungen.

Als er zurückkam, lag ein Zettel auf dem Küchentisch, dass Mutter einkaufen gefahren war. Da konnte er endlich weiterlesen! Prima!

4

Die Auswahl der Kerzen

Für ein Kerzenritual braucht man verschiedene Kerzen und KERZENSTÄNDER. Wacklige Kerzen befördern nämlich nicht die Konzentration, man soll ja durch nichts abgelenkt werden.

Folgende Kerzen sind nötig:

1. Tischkerzen

   zwei dicke weiße Kerzen. Das Ritual beginnt, wenn sie angezündet werden und endet mit ihrem Löschen mit einem Löscher - nie mit dem eigenen Atem auspusten! Das kann auch ein größerer Kerzenstummel sein, den man auf die brennende Kerze drückt.

Alle weiteren Kerzen lässt man bei einem Ritual ausbrennen, deshalb sollen sie nicht besonders groß und dick sein.

2. Opferkerzen

   3-5 Kerzen, deren Farbe den Wunsch symbolisiert.

3. Personenkerzen

   für jede beteiligte Person eine.

4. Eine Tageskerze

5. Eine Anzündekerze - nie mit Zündholz oder Feuerzeug anzünden! Diese Kerze braucht einen sicheren Halter, weil sie herumbewegt wird!

Bei einem Kerzenritual brennen also mindestens 8 Kerzen!

Acht Kerzen! Und dann noch in bestimmten Farben! Und Kerzenständer!

Paulchen stöhnte. Da musste er sich ja einen richtigen Einkaufszettel anlegen. Ob das Taschengeld reichte? Zum Glück hatte er vom
letzten noch gar nichts ausgegeben, denn in seinem Dorf gab es außer
Süßigkeiten bei der Bäckerfiliale nichts zu kaufen.

Da ging die Haustür. Mutter war vom Einkaufen zurück. „Ich brauche Hilfe beim Hereintragen!" tönte es schon von unten. Schnell schob
er die Blätter zwischen seine Tierzeitschriften und lief nach unten.

Nach dem Abendbrot saßen sie alle drei noch auf der Terrasse, obwohl
es schon dunkelte. „Ein paar Kerzen wären jetzt nicht schlecht, so
richtig romatisch." meinte Paulchens Vater. „Ich hätte beinahe heute
im Supermarkt einen Satz Kerzenständer gekauft, aber dann habe
ich überlegt, dass man die auch selber machen kann. Es waren einfach bemalte Blumentöpfe aus Ton und eine Tüte Sand dazu." berichtete die Mutter. „Stimmt," ergänzte Vater, „wir haben doch noch jede
Menge Tontöpfe von Oma, da pflanzen wir sowieso nichts hinein,
und ich habe noch ein Set Farben, mit dem ich malen wollte, da bin
ich aber nie dazugekommen. Das wäre doch eine nette Ferienarbeit
für unseren Faulenzer hier!"

Paulchen war sprachlos vor Überraschung. So einfach war eins
seiner Probleme gelöst! Er konnte die Kerzenständer selbst bemalen
und irgendwie würde er sie schon zu seinem Ritual mitkriegen. „Na
klar mache ich das," antwortete er schnell. „Kunst war doch schon
immer eins meiner Lieblingsfächer!"

Die Vorbereitungen beginnen

Beim Frühstück am nächsten Morgen überlegte Paulchen, wie er jetzt weitermachen würde. Es war ja richtig viel Arbeit zu erledigen: Weiter Konzentration üben, Ritualplatz saubermachen, Blumentöpfe bemalen, Text weiterlesen, Einkaufsliste machen.

Das letzte war am dringendsten: Die Eltern wollten mit ihm am Sonntag auf einen Mittelaltermarkt gehen, da konnte er sicher schon einiges einkaufen. Aber er wusste ja noch gar nicht, was! Das einzige genaue waren die zwei Tischkerzen. Die waren wohl auch am teuersten. Mutter hatte zwar eine ganze Schublade voller Kerzen in allen Größen, aber die war für ihn tabu. „Kein offenes Feuer in deinem Zimmer, auch keine Kerzen!" hatte es geheißen, als sie einzogen. Und der Rauchmelder an der Decke, den Vater vorsorglich in allen Schlafzimmern angebracht hatte, würde schnell melden, wenn er gegen dieses Gebot verstieß.

Also musste er alles für sein Ritual vom eigenen Taschengeld kaufen. Was das genau alles sein sollte, konnte er nur mit Hilfe von Omas Texten herausfinden.

Wieder im Zimmer legte er zuerst seinen Einkaufszettel an und trug als erstes die Tischkerzen ein, dann übte er wieder Konzentration mit Tennisschläger und Ball. Mit dem Gedichttext kam er schneller in den „gedankenlosen" Zustand, und das Balancieren ging auch ein bisschen länger. Aber ohne Üben kam er noch nicht auf mindestens fünf Minuten.

Dann weiter in den Texten, diesmal am Schreibtisch, Einkaufszettel und Stift parat haltend.

2 Tischkerzen weiß

Die passenden Zusammenstellungen

Zuerst sucht man sich das Thema aus, zu dem der Wunsch gehört. Dann kann man alles für das Ritual zusammenstellen.

1. Thema: Gesundheit, Selbstbewußtsein,
           Lebensfreude
Farbe: gold, gelb
Person: Ich (männlich), Vater, Chef
Tag: Sonntag
Duftöl: Orange, Neroli, Gewürznelke
Räuchern: Lorbeer, Myrrhe, Wacholder
Blume: Sonnenblume, Ringelblume
Stein: Diamant, goldfarbener Quarz
Metall: Gold

2. Thema: Heimat, Zuhause, Geborgenheit,
           Vertrauen
Farbe: silber, hellgrau
Person: Ich (weiblich), Mutter, Chefin
Tag: Montag
Duftöl: Melisse, Ylang-Ylang, Ysop
Räuchern: Holunderblätter, Haselnuss
Blume: Portulakröschen, Pfingstrose
Stein: Mondstein, Chrysopras
Metall: Silber

3. **Thema:** Lernen, Geschäfte,
Kommunikation
Farbe: hellblau, regenbogenfarben
Person: Geschwister, Lehrer, Freunde
Tag: Mittwoch
Duftöl: Teebaumol, Anis, Eukalyptus
Räuchern: Storax, Muskat, Koriander
Blume: Verbene, Lavendel, Klee
Stein: Beryll, Bernstein, Jaspis
Metall: Quecksilber

4. **Thema:** Liebe, Schönheit, Geld,
Reichtum
Farbe: kornblumenblau, rosa
Person: wen man liebt, Nichten, Neffen
Tag: Freitag
Duftöl: Rosenöl, Jasmin, Vanille
Räuchern: Minze, Sandelholz (rot)
Blume: Magnolie, Aster, Gänseblümchen
Stein: Saphir, Rosaquarz
Metall: Kupfer

5. **Thema:** Sieg in einem Kampf, Sport,
Energie
Farbe: rot, orange
Person: Mitstreiter, Gegner
Tag: Dienstag
Duftöl: Ingwer, Kiefer, Pfefferminze
Räuchern: Kümmel, Tabak, Wermut
Blume: rote Geranien, Ginster, Disteln

Stein: Rubin, Granat, Karneol
Metall: Eisen

6. Thema: Glück, Gerechtigkeit, Karriere,
            Reisen in ferne Länder
Farbe: purpur
Person: Richter, Pfarrer, Professor
Tag: Donnerstag
Duftöl: Thymian, Wachholder, Zedernöl
Räuchern: Rosinen, Kardamom, Benzoe
Blume: Geißbart, Salbei, Nelke
Stein: Amethyst, Lapislazuli
Metall: Zinn

7. Thema: Ordnung, Stabilität, Ansehen,
            politischer Erfolg
Farbe: schwarz, braun
Person: Vorgesetzter, Meister, ein
            schwer arbeitetender Mensch
Tag: Samstag
Duftöl: Oregano, Baldrian, Vetiver
Räuchern: Zypresse, Eibe, Kaffee
Blume: Stiefmütterchen, Farn
Stein: Onyx, Tigerauge
Metall: Blei

Uff …

Das war ja alles schwieriger, als er sich das gedacht hatte! Na ja, es ging ja auch um einen großen Wunsch!

Aber jetzt hatte Paulchen schon einmal einen Überblick.

Sein **Thema** war natürlich die **Nummer fünf:** Er wollte ja Sport treiben, stärker werden und mehr Energie haben. Also würde sein Ritual an einem **Dienstag** stattfinden. So kompliziert, wie sich das anhörte, zweifelte er, dass es schon nächsten Dienstag sein könnte. Für seinen Wunsch brauchte er **rote Kerzen**. Wieviele? Ach so, das hatte da früher schon gestanden. Also zurückblättern! Auf Blatt vier fand er die Angabe, da stand „3 - 5". Paulchen brauchte gar nicht erst nachzudenken: Für einen so großen Wunsch sollten es auf jeden Fall fünf sein!

Brauchte er eine Personenkerze? Außer ihm selbst waren ja keine Personen beteiligt. Aber er war ja auch eine Person: Also brauchte er eine **gelbe oder goldene Kerze**. Die Tageskerze sollte wohl auch **rot** sein.

Was es mit Duftölen, Räuchern, Blumen, Steinen und Metall auf sich hatte, verstand er noch gar nicht. Hoffentlich wurde das noch erklärt, dann könnte er es später lesen.

Jetzt wollte er erst einmal den Einkaufszettel vervollständigen.

Der wurde doch ganz schön lang. Hoffentlich reichte das Taschengeld!

2 Tischkerzen weiß

5 Opferkerzen rot

1 Personenkerze
gelb oder gold

1 Tageskerze rot

1 Anzündekerze
weiß

Am nächsten Tag, Samstag, suchte er mit seinem Vater im Gartenschuppen die Blumentöpfe zusammen, die als Kerzenständer bemalt werden sollten. Die meisten mussten erst einmal mit Wasser und einer harten Bürste von Erde und Kalk befreit werden. Dekorieren konnte Paulchen sie dann, wenn sie wieder trocken waren. Beim Ausräumen fand er auch einen, der mit Sand und grau-schwarzer Asche fast voll war.

„Das war unser Räuchertopf," erklärte Vater. „In unserer alten Wohnung haben wir abends oft mit duftenden Sachen geräuchert, das gab ein gutes Raumklima." Paulchen horchte auf. Räuchern – hatte das nicht in Omas Papieren gestanden? „Und wie geht das?" hörte er sich fragen. „Eigentlich ist es ganz einfach. Man nimmt Räucherkohle, dahinten liegt noch eine angefangene Rolle!" Vater griff nach etwas silbern Eingepacktem und hielt eine schwarze Riesentablette in der Hand. „Hol mal Streichhölzer aus dem Haus, dann kann ich dir das zeigen!"

Paulchen lief ins Haus und kam mit einer Schachtel Streichhölzer zurück. Aber Holzkohle mit Streichhölzern anzünden? Beim Grill ging das doch auch nicht so einfach! Vater hatte von dem alten „Räuchertopf" die oberste verstaubte Schicht abgenommen, so dass jetzt nur sauberer Sand zu sehen war. Darauf legte er die schwarze Tablette. „Das ist eine speziell präparierte Kohle, guck hier, wenn die Flamme drankommt, geht ein Blitzen durch das ganze Stück!" Der Junge sah fasziniert zu.

„Jetzt muss man warten, bis die Kohle richtig glüht, inzwischen kannst du etwas zum Räuchern zusammensuchen." Vater sah sich suchend um. Sein Blick fiel auf die Hecke. „Pflück mal ein trockenes Ästchen vom Holunder und eins vom Haselnussstrauch, das wird gehen!" Mit der Gartenschere schnippelte er die Holzstückchen so klein, als wollte er Sägemehl machen. Die Kohle glühte jetzt. Vater vermischte die Holzschnitzel und schüttete sie auf die Glut. Sofort stieg dichter Qualm auf. Aber erst als Paulchen ihn vor seiner Nase verwedelte, roch er ein süßes und würziges Aroma. „Das riecht aber richtig gut! Warum räuchern wir nicht mehr im Haus?" fragte er neugierig. „Ich weiß eigentlich auch nicht, hier im Haus fühle ich mich immer so wohl, da bin ich gar nicht auf die Idee gekommen. In der Wohnung mit all den fremden Menschen drüber und drunter und rechts und links war es ganz anders. Aber wenn du es magst, können wir auch mal wieder räuchern." war Vaters Antwort.

Gemütlich machten sie jetzt eine kleine Pause und sahen dem Rauch zu, der leicht schräg in den blauen Himmel stieg. Da kein Wind wehte, konnte man ihn weit hinauf verfolgen.

Aber dann wurde die Fahne immer dünner, die Kohletablette war fast ganz zu weißer Asche zerfallen, und es ging weiter.

Paulchen zählte die Blumentöpfe, die er bis jetzt geschrubbt hatte. Er brauchte acht – nein, neun, denn einen Räuchertopf musste er ja auch haben. Also fehlten noch zwei. Die waren schnell gefunden und gesäubert. Zum Trocknen stellte er sie jetzt auf ein Tablett und trug das zum überdachten Teil der Terrasse. Hier konnten sie gut stehen, da konnte er sogar sein „Malatelier" einrichten.

Vater hatte inzwischen die Farben herausgesucht. Das war so ein „Set" wie es im Supermarkt von Zeit zu Zeit angeboten wurde: Zwölf Tuben Acrylfarbe, der Deckel der Schachtel war als Palette geformt. Auch ein paar größere und kleinere Pinsel hatten sich gefunden. „Pass vor allem auf, dass du hier nichts verkleckerst!" wurde Paulchen ermahnt. „Acrylfarbe ist zwar wasserlöslich, solange sie flüssig ist, wenn sie aber einmal angetrocknet ist, ist sie so einfach nicht mehr zu entfernen. Und von diesen porösen Steinen hier geht sie schon gar nicht ab. Ich möchte keine Farbkleckerei hier auf der Terrasse!"

O.K., dachte Paulchen, das weiß ich schon – Zeitung unterlegen, Pinsel zwischendurch in Wasser stellen … In der Schule hatten sie einmal „Kunstwerke" auf Holzplatten gemalt, da hatte er das alles bereits gelernt.

Wichtiger war – was sollte auf die Töpfe gemalt werden? Schließlich wollte er sie heimlich ja auch für sein Ritual benutzen. Dieselben Bilder, die auf seiner Zeichnung waren? Das hätten die Eltern sicher komisch gefunden. Außerdem konnte es ja gut sein, dass er wieder einmal ein Kerzenritual machen wollte für einen ganz anderen Wunsch. Also am besten bunte Muster, die für alles passten. Das war auch einfacher auf die runden Flächen zu malen, Striche und Punkte und Kringel, einfach nur so, dass es gut aussah.

Aber das war Arbeit für die nächste Woche.

Gute Geschäfte

Am folgendem Tag, Sonntag, machten sich die Eltern bereit für den Besuch auf dem Mittelaltermarkt. Das war immer eine große Aktion, denn die Erwachsenen gingen in „Gewandung". Sie zogen sich so an wie die Menschen im Mittelalter, mit aufwendigen Gewändern, seltsamen Schuhen und Kopfbedeckungen. Paulchen kam es immer so vor, als spielten die Erwachsenen „verkleiden", wie er es als Kind gespielt hatte, und dafür kam er sich jetzt viel zu groß vor. Deshalb machte er da nicht mit, wenn er überhaupt mitkam, dann in seiner normalen Kleidung, Jeans und T-Shirt.

Das war natürlich praktisch für seine Eltern: Er konnte auch ohne aufzufallen den modernen Rucksack nehmen, in dem alles verstaut wurde, was nicht „ins Mittelalter passte": Armbanduhr, Sonnenbrille, Portemonnaie mit Kreditkarten und Autopapieren, Getränkeflaschen. Auf dem Parkplatz vor dem Markt gaben die Eltern ihrer Aufmachung den letzten „Schliff", packten ihr Bargeld in Beutel, die am Gürtel befestigt wurden, und überließen alles Andere dem Sohn.

Normalerweise fand Paulchen das überhaupt nicht gut, so als Pack-esel zu dienen, aber heute hatte er sich schon einen Plan zurechtge-legt, bei dem der Rucksack eine wichtige Rolle spielte.

Kaum waren sie durch den Eingang – nur für ihn musste bezahlt werden, weil er kein Kostüm anhatte und schon größer war als das Richtschwert – setzte er ihn um. „Ich möchte ein bisschen allein hier herumlaufen, zu euch passe ich ja doch nicht und mich inter-essieren auch andere Sachen." wandte er sich an die Eltern. „Ist gut, du kennst dich ja hier aus, wir treffen uns dann um elf am Turnier-platz!" war die kurze Antwort. Vater und Mutter hatten anscheinend auch schon ihre Pläne.

Also lief er nach rechts in die Budengasse. Der erste Kerzenstand war eine Enttäuschung. Alles gelb, aus unbehandeltem Bienenwachs. Also weiter. Da vorn war noch ein Kerzenstand, diesmal sah er gleich leuchtende Farben in den Körben mit den verschiedenen Kerzen. Aber die hatten alle mindestens Leuchtergröße! Wenn er die ausbrennen lassen wollte, müsste sein Ritual mehr als einen Tag lang dauern. „Haben Sie keine kleineren Kerzen?" fragte er vorsichtig. Der Ver-käufer sah ihn sich genau an, als wollte er abschätzen, was ein Junge wohl mit Kerzen wollte. „Tatsächlich habe ich noch ein paar Reste von den Christbaumkerzen vom letzten Jahr. Es sind aber nur ein-zelne und wenige Farben, weiß, gelb und rot. Aber ich muss sie los-werden, denn für den nächsten Weihnachtsmarkt kann ich sie doch nicht mehr verwenden, seit es die LEDs gibt, haben immer weniger Menschen noch echte Christbaumkerzen. Ich mach dir einen guten Preis: 20 Cent das Stück."

Paulchen wurde richtig aufgeregt. Genau das, was er brauchte! „Prima, ich brauche davon eine weiße, eine gelbe und sechs rote!" gab er seine Bestellung auf. Der Verkäufer guckte noch einmal ganz komisch, als wollte er hinter den Sinn der Bestellung kommen. Dann nahm er eine Papiertüte und packte das Gewünschte ein. „Haben Sie vielleicht auch noch dicke weiße Adventskranzkerzen? Ich brauche davon auch noch zwei!" ergänzte Paulchen. „Sowas habe ich das ganze Jahr, da vorne sind sie in verschiedenen Größen!"

Da er bis jetzt viel weniger Geld gebraucht hatte als gedacht, wählte er zwei größere, jede für 2 Euro. Nachdem er bezahlt hatte, packte er seinen Einkauf ganz unten in den Rucksack, damit er niemandem auffallen konnte.

Dann schlenderte er über den Markt. An vielen Stellen wurde Räucherwerk abgebrannt und verkauft, das fiel ihm jetzt erst auf. Schließlich fasste er sich Mut und trat an einen solchen Stand. „Haben Sie auch etwas für Energie und Mut?" fragte er die Verkäuferin im Mittelaltergewand. Auch sie guckte ihn so komisch an. Oder kam es ihm nur so vor, als könnte jeder erraten, was er vor hatte?

„Willst du zündeln? Sei ja vorsichtig mit Feuer!" war die Gegenfrage. „Nein, ich weiß schon, wie das geht, und will auch nur draußen ein bisschen Duftrauch machen." Paulchen war froh, dass er diese Antwort geben konnte. „Also ich habe hier eine Mischung mit Drachenblut,

Kiefernnadeln und noch ein paar Zutaten, die ich nicht verrate, das könnte dafür gut sein. Willst du in einem Turnier gewinnen? Du siehst gar nicht so aus, als würdest du viel Sport treiben. Aber schnupper nicht zu viel, dann wirkt es entgegengesetzt und schwächt dich! Höchstens ein halber Teelöffel auf einmal!" Die Frau wurde fast geschwätzig. Während sie ununerbrochen redete, so dass Paulchen selbst gar nicht zu Wort kam, holte sie eine kleine spitze Papiertüte unter dem Tisch hervor, setzte sie in einen Ring an ihrer altmodischen Waage, legte ein ganz kleines Gewicht auf die andere Seite und wog etwas von einer der Mischungen ab, die in mit Schmuckpapier ausgelegten Körben auf ihrem Tresen ausgestellt waren. „Zwei Euro!" Im Verhältnis zu den Kerzen fand Paulchen das ganz schön teuer, aber wenn es half!

Jetzt war sein Geld aber fast alle und die Zeit auch vorbei, er machte sich auf den Weg zum Turnierplatz, um seine Eltern wieder zu treffen und sich die Vorführung der „Ritter" anzusehen. Das Turnier war wie immer eine Mischung aus Zirkus und Show, aber auch spannend, denn es konnte ja immer etwas passieren.

Nach einer Erbsensuppe in ausgehöhltem Brot als Mittagessen wanderten sie dann noch einmal gemeinsam gemütlich über den Markt. Als sie am Ende heim fuhren, war er doch sehr zufrieden mit dem Tag: Jetzt hatte er seine Kerzen und das Räucherwerk, jetzt konnte es nicht mehr lange dauern, bis er das Ritual durchführen konnte!

Einige Hindernisse

Am nächsten Tag war der erste gemeinsame Urlaubstag der ganzen Familie. Also wurde erst einmal ausgeschlafen. Dann gab es etwas, was Mutter „Brunch" nannte, Toast und Rührei und gebratene Würstchen und Joghurt mit Marmelade, also eine Art Kombination von Frühstück und Mittagessen. Danach war aber auch der halbe Tag schon vorbei. Die Eltern setzten sich zum gemütlichen Lesen auf die Terrasse und Paulchen hatte nichts zu tun.

Er beschloss, den Ritualplatz noch einmal zu besichtigen. Diesmal umging er die Wildnis auf der rechten Seite und benutzte einen Trampelpfad, der hinter den Hausgrundstücken entlang wieder zurückführte. Schließlich war er an seiner Ecke und schlüpfte zwischen die Büsche.

Der Platz war ruhig und still. Es hatte sich nichts verändert. Vorsichtig versuchte er mit den Füßen den alten Blätterteppich beiseite zu schieben. Gut ging das nicht, er würde doch einen Besen brauchen. Aber wie mit einem Besen quer durchs Dorf? Da musste er sich noch etwas einfallen lassen.

Schließlich setzte er sich auf einer hochstehenden Wurzel nieder und sah in die Runde. Also kehren würde er müssen und dann brauchte er ja auch noch einen Tisch für die ganzen Ritualsachen. Suchend blickte er sich um. Vielleicht ein Stein? Aber weit und breit war nichts Passendes zu sehen. Hier konnte er jetzt nichts ausrichten. Er machte sich auf den Heimweg.

Als er aus dem Gebüsch herauskam, stand plötzlich ein Mann in Uniform vor ihm. „Was hattest du da drin zu suchen?" fragte er barsch – ach ja, das war ja der Ordnungspolizist, der auch manchmal mit dem Fahrrad über die Felder fuhr. Der Junge ließ sich schnell etwas einfallen. „Ich wollte Nussbaumblätter pflücken, meine Mutter hat gesagt, sie sind gut gegen Motten." gab er vor. „So, so, und wo hast du die Blätter?" Paulchen bekam einen roten Kopf. Hoffentlich merkte der Typ nicht, dass er gelogen hatte! „Ich bin nicht dran gekommen, die Äste von dem Baum sind zu hoch." – „Na hoffentlich stimmt das und du machst keinen Unfug da! Oder hast du etwa heimlich geraucht?" Schnuppernd zog der Mann die Luft durch die Nase. „Das Betreten dieses Grundstücks ist nämlich verboten! Früher stand da auch ein Schild, aber das ist anscheinend umgefallen oder jemand hat es umgeschmissen. Wenn wer da reinkriecht, muss er aufpassen, überall liegen noch die Glasscherben von den Rockern, die sich da drin früher getroffen haben um zu saufen. Deshalb ist das Grundstück auch gesperrt worden." Und fast wehmütig setzte er nach „Als ich so alt war wie du, haben wir da drin immer so schön gespielt, Hütten gebaut und so. Aber heutzutage geht das ja alles nicht mehr, alles wird kaputt gemacht." – „Also ich mach bestimmt nichts kaputt, und Glasscherben habe ich auch nicht gesehen." erwiderte der Junge. „Aber du weißt jetzt, es ist verboten. Lass dich nicht noch einmal erwischen!" Mit dieser letzten Ermahnung drehte sich der Polizist um und lief zu seinem Fahrrad, das er auf der anderen Seite des Weges abgestellt hatte.

Mit Herzklopfen rannte Paulchen nach Hause. Er überlegte, ob er sich einen anderen Ritualplatz suchen sollte. Aber da war weit und breit nichts so Geeignetes. Der Wald war ziemlich weit weg. Und überhaupt, er durfte sich einfach nicht erwischen lassen. So oft war der Polizist ja auch nicht hier im Dorf, meistens musste er im Hauptort der Gemeinde Falschparker aufschreiben. Irgendwie würde er das schon hinkriegen. Bis jetzt hatte ja sonst alles so gut geklappt.

Daheim angekommen sah er seine Eltern immer noch auf der Terrasse sitzen. „Gut, dass du kommst," sagte seine Mutter aufblickend. „wir wollten gerade Kaffee trinken."

Danach ging Paulchen wieder auf sein Zimmer. Er wolle Konzentration üben, hatte er zur Entschuldigung gesagt, und das tat er zunächst auch. Als alles ruhig blieb, sich niemand weiter für ihn interessierte, machte er sich an die nächsten Blätter.

-8-
Räucherwerk

Es ist ein uralter Brauch, seine Wünsche mit Hilfe duftenden Rauchs "in den Himmel steigen" zu lassen. Auch in einem Kerzenritual kann geeignetes Räucherwerk so als Verstärkung eingesetzt werden.

Man braucht dazu ein Räuchergefäß; man kann eine Tonschale oder einen Ton-Blumentopf (event. bemalt) verwenden. Hinein kommt zuerst eine Schicht sauberer Sand. Darauf legt man eine Tablette Räucherkohle, die man an einer Kerzenflamme anzünden kann. Wenn sie glüht, gibt man darauf das eigentliche Räucherwerk.
Für ein Kerzenritual benötigt man zwei Räuchermischungen:
1. Reinigungsweihrauch
   für den Raum vor Beginn des Rituals. Dafür eignet sich reines Olibanum (=Weihrauch) oder Mischungen mit Myrrhe, Rosmarin, Benzoe, Ceylon-Zimt, Verbena, Sandelholz und Lorbeer.
2. Ritualweihrauch
   während der Zeremonie. Diesen stellt man sich entsprechend dem Anliegen zusammen. Die besten Wirkungen haben Mischungen aus zwei bis drei passenden Substanzen.

Das meiste wusste Paulchen schon von den Erklärungen, die sein Vater gegeben hatte. Und zum Glück hatte er die richtige Ritualmischung bereits auf dem Mittelaltermarkt ergattert. Von der Räucherkohle lag ja noch im Schuppen, da konnte er sich sicher eine oder zwei nehmen, ohne dass jemand etwas sagte.

Aber „Reinigungsweihrauch"? Brauchte er den überhaupt? Aber dann fiel ihm der Polizist wieder ein. Auf diesem Platz hatten sich auch Jugendliche für Unfug getroffen. Vielleicht war es ja doch keine schlechte Idee, ihn nicht nur mit dem Besen, sondern auch mit diesem Weihrauch zu reinigen. Aber dann musste er den nächsten Marktbesuch seiner Eltern abwarten. Zum Glück bekam er bis dahin noch einmal Taschengeld. Ein neuer Einkaufszettel musste her.

Aber zuerst wollte er auf jeden Fall die Blätter zuende lesen. Vielleicht fehlte ja noch etwas!

Paulchen seufzte. So kompliziert hatte er sich das Ganze nun wirklich nicht vorgestellt, eher so wie früher das Wunschzettel-Schreiben für Weihnachten.

Doch jetzt hatte er sich darauf eingelassen, jetzt würde er es auch durchziehen! Immerhin waren die Konzentrationsübungen ja auch für die Schule gut. Gerade, als er sich an die nächste Seite machen wollte, wurde er gestört.

Olibanum

„Paulchen!" klang es von unten. „Wolltest du nicht Blumentöpfe bemalen, damit wir Kerzenständer für die Terrasse bekommen?" Oh, das musste ja auch noch getan werden! Er verstaute schnell Omas Blätter wieder zwischen die Tierzeitschriften und lief nach unten. „Zieh dir lieber etwas Altes an, falls du kleckerst. Und vergiss nicht, genug Zeitung unterzulegen!" Mutter war voll in ihrem Element. Als ob er nicht alt genug wäre, das selbst zu wissen!

Nachdem Paulchen alles hergerichtet hatte, begann er zu malen. Und während er Punkte und Striche und Wellenlinien gleichmäßig auftrug, dachte er an sein Ritual.

Genau war im immer noch nicht klar, wie es ablaufen sollte. Vor allem musste er verhindern, dass dieser Polizist oder jemand Anderer ihn erwischte. Was würden die denken, wenn sie ihn mit den vielen brennenden Kerzen und qualmendem Räucherwerk im Gestrüpp erwischten!

Aber so lange die Eltern Ferien hatten, war sowieso nicht daran zu denken. Er kam ja kaum dazu, die Blätter in Ruhe durchzulesen.

Schon länger hatte sein Vater angekündigt „Auch wenn wir nicht weg-fahren, können wir uns ein paar schöne Tage gemeinsam machen!" – Da war wenig Raum für ungestörtes Lesen allein im Zimmer. Und mit nach unten konnte er die Blätter auch nicht nehmen, schließ-lich stammten sie aus Omas Bücherkiste und Paulchen hatte sie sich heimlich genommen.

Also musste er auf die letzten Wochen der Sommerferien warten. Das war vielleicht auch ganz gut, es gab ja auch noch dies und das einzukaufen und vorzubereiten.

So, die ersten drei Blumentöpfe waren fertig bemalt und standen zum Trocknen da. Seine Finger waren auch ganz schön bunt gewor-den, Vater hielt ihm alle Türen auf und drehte den Wasserhahn auf, damit er Hände und Pinsel waschen konnte. Für heute fertig!

In den folgenden drei Wochen war Paulchen fast immer mit den Eltern zusammen, sie machten Ausflüge oder gingen ins Schwimm-bad, auch der Garten wurde gemeinsam auf Vordermann gebracht. Dass er täglich seine „Konzentrationsübung" fortsetzen wollte, hatte er erklärt und Vater unterstützte ihn dabei, indem er die Zeit maß. Langsam kam er tatsächlich seinem Ziel näher, fünf Minuten lang den Ball auf dem Tennisschläger zu balancieren.

Dabei dachte er zwar täglich an seinen Wunsch, aber die Durch-führung des Rituals hatte er auf die Zeit verschoben, wenn der Urlaub von Vater und Mutter vorbei und er wieder allein zuhause war.

Ab und zu fand er eine ruhige Stunde, um weiter in den Blättern zu lesen und seinen Einkaufszettel zu vervollständigen.

Was sonst noch zu einem Ritual gehört:
Ein Ritual ist auch eine kleine
Festzeremonie. Es wirkt umso besser, je
mehr Dinge dabei sind, die zu dem Thema
gehören, in das der Wunsch fällt. Die
kann man als festlichen Schmuck sehen
oder als notwendige Verstärkung des
Wunsches. Alles soll harmonieren, nichts
soll stören.

Blumen
Die Blumen beim Ritual sind Zeugen
und sichtbare Vertreter aller
nichtmenschlichen Teilnehmer am Ritual.
Deren gibt es sicherlich vielerlei;
durch Blumen werden sie eingeladen,
einbezogen und als Lebewesen geehrt.

Steine und Metalle
Für viele Menschen haben Steine eine
ähnliche Funktion wie Blumen - auch
wenn man sie nicht als Wesen ansehen
mag, so können mehr oder weniger
wertvolle Steine doch eine harmonische
Dekoration für den Ritualtisch bilden.

Ähnlich ist es mit den Metallen:
Eine kleine Bronzestatue kann ein
Glücksritual durchaus bereichern!

Musik

Die Musikgeschmäcker sind so
verschieden, daß man nur die Regeln
aufstellen kann:

1. Die Ritualmusik muß nach eigenem
   Empfinden geeignet sein.
2. Man sollte die Musik bereits kennen,
   damit sie als reiner "Stimmungsträger"
   fungiert und nicht die Konzentration
   stört.

Ritualkleidung

Das ist auch so ein heikles Gebiet,
und gibt die Möglichkeit zu wirklich
tiefgehenden Streitereien: Muß es eine
Extrakleidung sein, oder genügt der
Sonntagsanzug?

Bei einer Festzeremonie, sollte die
Kleidung der gesamten Situation schon
angepasst sein.
Aber es ist ein Unterschied, ob man
draußen oder drinnen, im Sommer oder im
Winter ein Ritual durchführt. Außerdem
ist Kleidung auch eine Frage des
persönlichen Geschmacks.

Wohlfühlen ist wichtiger als ein Dogma!

Manchmal hatte er das Gefühl, die Eltern wussten, was er da heimlich vorbereitete. War es Zufall, dass sie gerade jetzt bemalte Blumentöpfe als Kerzenständer wollten? Oder dass Vater ihm die Handhabung von Räucherwerk erklärte? Aber das würde bedeuten, dass sie solche Rituale kannten! Paulchen verschob den Gedanken auf ‚später darüber nachdenken‘, auch wenn ihm die Zufälle manchmal doch merkwürdig vorkamen. Er hätte gern mit ihnen darüber geredet, auch um zu erkunden, ob er die im Haus vorhandenen Dinge einfach nehmen durfte, aber am Ende traute er sich doch nicht.

Nach wenigen Tagen war die stimmungsvolle Terrassenbeleuchtung fertig, Mutter stellte kleine dicke Kerzen hinein, damit der Wind sie nicht auspustete. So vergingen die gemütlichen Ferienabende.

Gleich am Montag Morgen, als beide Eltern wieder arbeiten mussten, ging Paulchen noch einmal alle Blätter durch und kontrollierte, dass er nichts vergessen hatte.

DIE MONDPHASE

Soll etwas nach Innen gehen, äußerlich abnehmen, verschwinden oder repariert werden, dann ist das Ritual bei abnehmendem Mond durchzuführen.

Soll etwas neu beginnen, nach außen wachsen und sich mehren, dann wählt man eine Zeit des zunehmenden Mondes.

Verwirrend ungenau sind Angaben wie "Vollmond" und "Neumond". Beides sind keine dauernden Zustände, während der man ein Ritual machen könnte; es sind astronomische Wendepunkte, Momente, in denen die Zeitqualität ins Gegenteil umschlägt, aber sie haben keine Dauer. Erfahrungsgemäß ist es so, dass kurz vor Neumond die Qualität "abnehmend" und kurz vor Vollmond die Qualität "zunehmend" am stärksten wirksam ist.

Die Tage bzw. die Stunden vor dem Mondwechsel sind also für das jeweilige Ritual am besten geeignet.

Der richtige Tag richtet sich nach dem Ritualthema und ist in der Tabelle zu finden.

Das Präpapieren der Kerzen

Für besondere Zwecke kann man die Opferkerzen mit Knetwachs dekorieren, das hat dann eine ähnliche Funktion wie das Aufschreiben/Malen des Wunsches.

In jedem Fall werden die Opferkerzen <u>gesalbt</u>. Dazu nimmt man ein geruchlos verbrennendes Trägeröl (z.B. Jojoba-Öl) und gibt einige Tropfen der jeweiligen Duftöle dazu. Wenn die Mischung gut riecht, kann man sich auch selbst noch damit parfümieren.

Man nimmt nun die Kerze - noch unangezündet - in die Hand und streicht das Salböl von der Mitte aus zuerst rundum zur Spitze hin und dann wieder von der Mitte aus zum Ende hin auf die Kerze, also quasi vom „Äquator" zum „Nordpol" und dann zum „Südpol" hin gleichmässig auftragen.

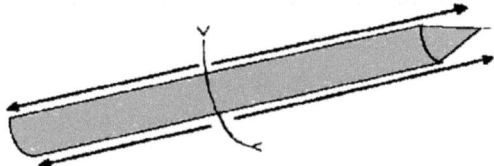

Erst danach wird die Kerze angezündet. Tatsächlich wird dabei sehr wenig Öl verbraucht. Ein halber Fingerhut reicht für mehrere Kerzen.

Dann war eigentlich alles vorbereitet und das Ritual konnte stattfinden. Zum Glück hatte er nur noch das Olibanum kaufen müssen. Alles Andere war im Haus vorhanden: Im Bad stand Jojoba-Öl, in einer total verstaubten Schachtel. Mutter hatte früher irgendeine Kosmetik damit selbst zubereitet, aber seit dem Einzug in dieses Haus nichts mehr damit gemacht. Einen Fingerhut davon würde sie sicher nicht vermissen. Pfefferminzöl stand auch im Bad. Als er im letzten Winter erkältet war, hatte Mutter davon etwas in eine Schüssel mit Wasser gegeben und in seinem Zimmer auf die Heizung gestellt. Wie es in der Beschreibung stand, brauchte er nur ein paar Tropfen.

Räucherkohle lag auch noch im Schuppen, die Verpackung war noch fast voll. Paulchen würde ja nur eine Tablette brauchen und er sah kein Problem, sie sich dort zu nehmen – niemand hatte es verboten. Jetzt konnte es losgehen!

Oder doch noch nicht? Die Mondphase! Am Kalender im Flur war Vollmond mit O und Neumond mit ● eingetragen. Oh weh! Am Freitag war Neumond eingezeichnet, das bedeutete, dass jetzt abnehmender Mond war. Für seinen Wunsch brauchte er aber unbedingt zunehmenden Mond. Also musste er noch eine Woche warten. Aber jetzt hatte er schon so viel für die Verwirklichung getan, da sollte es auf ein paar Tage nicht ankommen.

Er nutzte die Zeit, um zuerst das Oberteil eines Laubrechens unter seiner Jacke zum Ritualplatz zu schmuggeln, dann einen zusammenschiebbaren Stiel. Dort montierte er alles wieder zusammen und fegte den Platz gründlich. Einen geeigneten Stein für den Ritualtisch fand er aber immer noch nicht. Er würde wohl eine Tischdecke direkt auf den Boden legen müssen. Eine rote Tischdecke! Nach seiner Erinnerung war unter den Grillsachen noch eine aus Papier – tatsächlich, wieder ein Problem gelöst.

Jetzt wird's ernst

Die Woche verging quälend langsam. Schon am Montag hatte Paulchen die letzten zwei von Omas Blättern durchgelesen.

Immer wieder studierte er den Tischaufbau. Hatte er alles, was dazu gehörte?

Als Blumen wollte er einen von Mutters reich blühenden Geranientöpfen mitnehmen, er würde ihn schon wieder unbeschädigt zurückbringen!

Einen passenden Stein hatte er nicht. Aber etwas aus Eisen hatte er gefunden: Eine Gürtelschnalle. Die passte sogar besonders gut, denn es war ein springender Löwe darauf abgebildet, ein Bild von Kraft und Stärke. Paulchen war sicher, das passte zu dem ganzen Ritual.

Musik wollte er nicht machen – schließlich sollte ja niemand bemerken, dass sich da zwischen den Büschen etwas abspielte. Das Räucherwerk war schon gefährlich genug. Aber er hatte sich überlegt, dass sein Platz ja unter dem Nussbaum lag, er hoffte, dass die Äste und Blätter den Rauch so zerteilten, dass er von außen nicht mehr bemerkbar war.

Paulchen wartete, las sich noch einmal alle vorherigen Blätter durch, übte Konzentration und langweilte sich. Am liebsten wäre er schnurstracks mit den Sachen zum Gestrüpp gelaufen … aber nach allen Vorbereitungen wollte er den Erfolg des Rituals nicht durch Ungeduld gefährden.

Die Zeichnung, wie sich sein Wunsch erfüllen sollte, verbesserte er auch immer wieder, da noch eine Schattierung, hier ein Muskel ein bisschen straffer, am Ende sah sie in seinen Augen richtig perfekt aus: Paulchen hatte auf seinem Bild jetzt fast die Figur von Mister World!

Wenn das in Erfüllung ginge! Paulchen seufzte. So ganz konnte er immer noch nicht glauben, dass so ein Ritual alles verändern und dies bewirken könnte.

Der Aufbau des Ritualtisches

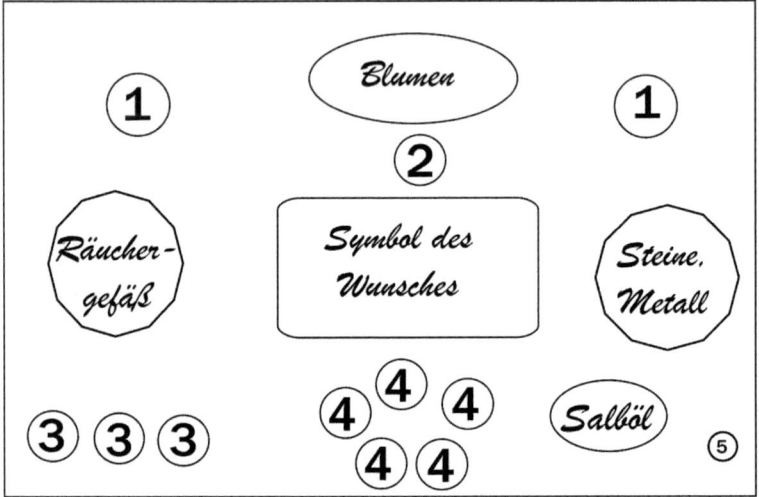

1 Ritualkerzen
2 Tageskerze
3 Personenkerzen
4 Opferkerzen
5 Anzündekerze + Löscher

Dies ist natürlich nur ein Vorschlag,
wenn der Tisch z. B. rund ist, muß man
sich eine andere Aufteilung überlegen.
Es soll nur alles harmonisch und schön
geordnet sein.

Am Samstag ging er mit den Eltern in den Hauptort zum Einkaufen. Erstaunt sah er überall bunte Plakate: Ein Zirkus kam in das Städtchen und machte jetzt schon Werbung für seine Aufführungen. Am Sonntag sollte die große Premiere sein, dann waren die ganze Woche lang Vorstellungen, da noch Ferien waren, auch vormittags. Wahrscheinlich wollten sie den unbeschäftigten Schulkindern etwas bieten.

„Am Dienstag ist Familientag, hat mir unsere Nachbarin schon erzählt." berichtete Mutter. „Das halbe Dorf geht da hin, weil es billiger ist. Wenn du willst, frage ich mal, bei wem du mitfahren kannst." Paulchen schreckte auf. Dienstag? Da wollte er doch sein Ritual durchführen! „Nein, dazu habe ich keine Lust." antwortete er schnell. Mutter fragte merkwürdigerweise nicht nach. Ob sie sich nicht erinnerte, dass er früher verrückt nach Zirkus gewesen war?

Aber die Gelegenheit war natürlich günstig. Wenn alle im Zirkus waren, konnte er nicht so leicht entdeckt werden. Und der Ortspolizist musste dann natürlich auch im Hauptort Dienst tun, den Verkehr regeln und Falschparker aufschreiben. So ein Ereignis war auch immer eine gute Einnahmequelle für die Gemeinde.

Schon wieder so ein merkwürdiger Zufall! Da hatte er ständig überlegt, wie er es schaffen könnte, dass niemand ihn beim Ritual entdeckte, und dann kam der Zirkus genau zum richtigen Moment. Einerseits fand Paulchen das ein bisschen unheimlich, andererseits fragte er sich, ob es vielleicht doch so etwas wie ein Schicksal gäbe, das ihm helfen wollte. Irgendwie komisch war das schon. Oder war es wirklich wie im Märchen „In den alten Zeiten, als das Wünschen noch geholfen hat, …" Möglicherweise waren diese Zeiten gar nicht vorbei? Er hatte jetzt wochenlang „gewünscht", und das war schon die Wirkung?

Aber bis jetzt war ja noch gar nichts passiert. Paulchen war noch immer spillerig dünn und Training im Fitness-Studio lag außerhalb seiner Möglichkeiten. Alles war bis jetzt nur der Wunsch, ein Traum, wie sollte der in Erfüllung gehen? Vielleicht gewann Vater im Lotto?

Irgend so etwas völlig Unwahrscheinliches musste passieren. Aber was? Er zerbrach sich den Kopf, aber es fiel ihm nichts ein.

Dafür hatte er genug damit zu tun, sich den Ritualablauf einzuprägen. Omas kostbare Blätter wollte Paulchen nicht mit in die Wildnis nehmen. Also versuchte er zuerst, die letzten beiden Blätter auswendig zu lernen!

Aber das wollte nicht klappen. Immer wieder kam etwas durcheinander. Warum musste das auch so kompliziert sein! Schließlich machte er sich doch einen Zettel mit Stichworten in Kurzform:

Reinigungsweihrauch
Tischdecke, Blumen, Metall
Salböl + Räucherwerk hinstellen
Anzündekerze
Ritualkerzen anmachen
konzentrieren
Tageskerze salben+anzünden
Räuchern
Bild in die Mitte legen
konzentrieren
Opferkerzen
konzentrieren
Personenkerze
Bild beschreiben
5 min. konzentrieren
Kerzen ausbrennen lassen.

Ritualablauf

1. Das Räuchergefäß mit sauberem Sand füllen, Räucherkohle anzünden, wenn sie brennt, Olibanum daraufgeben. Rauch von Reinigungsweihrauch über den Ritualplatz verteilen
2. Platz säubern und Tischdecke ausbreiten
3. Blumen aufstellen, Steine, Metall und sonstigen Schmuck auslegen
4. Salböl in einem Schälchen mischen und bereitstellen, Räucherwerk mit einem kleinen Löffel bereitlegen
5. Anzündekerze mit Streichhölzern anzünden und bereitstellen
6. Ritualkerzen aufstellen und anzünden
7. Das Arrangement betrachten und alle Gedanken ausschalten, die nicht zum Ritual gehören, dabei innerlich zur Ruhe kommen
8. Die Tageskerze salben, anzünden und dabei sprechen:"Dies ist der Tag, an dem der Wunsch ... für ... erfüllt werden soll" (Passendes einsetzen)
9. Räucherwerk auf die noch glühende Holzkohle legen
10. Das Symbol für den Wunsch (geschriebenes Gedicht, gemaltes Bild usw.) im der Mitte des Tisches plazieren

11. Alles betrachten, an den Wunsch denken.
12. Die Opferkerzen einzeln salben und anzünden. Dabei sprechen: "Dies ist meine erste (zweite, dritte, usw.) Kerze; ich opfere sie für ..."
13. Alles betrachten, an die beteiligte(n) Person(en)denken
14. Die Personenkerze(n) salben und anzünden und dabei entsprechend sagen, für wen diese Kerze steht und was sie für den Wunsch bedeutet.
15. Alles betrachten und innerlich zur Ruhe kommen (Meditation)
16. Die Darstellung des Wunsches in den Mittelpunkt rücken: Gedicht aufsagen, Bild beschreiben usw.
17. Mindestens fünf Minuten auf das Ergebnis konzentrieren: Sich in Gedanken genau ausmalen, wie es sein wird, wenn der Wunsch in Erfüllung gegangen ist.
18. Außer den Ritualkerzen alle Kerzen ausbrennen lassen. Am Ende die Ritualkerzen löschen – nicht auspusten!

Am Dienstag früh packte Paulchen seinen Rucksack mit allem, was er zum Ritual brauchen würde. Dann beobachtete er die Häuser gegenüber. Kurz nach neun Uhr sah er, wie die Familien abfuhren, sie riefen sich dabei Grüße zu – anscheinend wollten alle in den Zirkus.

Jetzt hatte er freie Bahn. Er schnappte sich den Rucksack, klemmte sich im Vorbeigehen einen Geranientopf unter den Arm und lief, wie immer mit einem irreführenden Umweg, zu seinem Ritualplatz. Der hatte sich nach der Kehraktion bis auf ein paar heruntergefallene Blätter nicht verändert. Jetzt konnte es als endlich losgehen!

Den Notizzettel hatte er in der Hosentasche.

Zuerst griff Paulchen nach einem der bemalten Blumentöpfe, füllte den mitgebrachten sauberen Sand hinein, legte die Räucherkohle-Tablette darauf und zündete sie mit einem Streichholz an. Wie bei seinem Vater liefen Funken durch die schwarze Masse, dann begann das Stück von innen zu glühen. Er streute vorsichtig ein paar Körner des Olibanum darauf. Da stieg fast sofort eine kleine, wohlriechende Rauchfahne auf. Jetzt fasste er den Topf mit beiden Händen und trug ihn kreuz und quer über den Platz, bis er sicher war, dass der Rauch überall hingekommen war.

Was jetzt?

Nun nahm er die rote Papiertischdecke und breitete sie auf einem ebenen Fleck aus. Zuoberst kamen die Blumen. Gut, dass es keine Stofftischdecke war! Den Untersetzer hatte er nämlich vergessen und der Blumentopf machte gleich einen Fleck. Rechts legte er die Löwenschnalle hin.

Vorsichtig setzte er das Kompottschüsselchen, das er für diesen Zweck mitgebracht hatte, auf seinen Platz, gab ein paar Tropfen Jojoba-Öl hinein und einen Tropfen Pfefferminzöl dazu. Daneben legte er das Tütchen mit dem Räucherwerk und einen kleinen Löffel. Anschließend kam die Anzündekerze dran. Das war sein schwierigstes Problem gewesen – einen Ständer zu finden, in dem er sie

herumbewegen und zwischendurch auch wieder
absetzen konnte. Schließlich hatte er bei Mutters
Kerzenständer-Sammlung einen altmodischen Halter
mit Griff gefunden. Damit ließ sich das alles sicher
bewältigen. Aus seiner Kerzen-Sammlung nahm er
die kleine weiße Kerze, zündete sie an, ließ ein paar
Tropfen Wachs in den Halter tropfen und steckte die
brennende Kerze hinein. Er schüttelte ein bisschen
– die Kerze saß fest. Zwei fast gleich bemalte Blumentöpfe hatte er für die Tischkerzen vorgesehen. Da hinein gab er
erst wieder ein bisschen von seinem Sand und stellte die zwei dicken
Kerzen darauf, platzierte sie rechts und links von den Blumen und
zündete sie mit der Anzündekerze an.

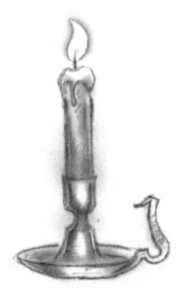

Auf seinem Zettel stand jetzt „konzentrieren". Also setzte er sich
vor seinen „Tisch" und betrachtete, wie das jetzt aussah. Irgendwie
dekorativ sah es aus – aber Paulchen war kribbelig, jetzt, wo es richtig losging. Also weiter!

Nachdem er sein Bild in der Mitte mit vier Kieselsteinen fixiert
hatte, salbte und entzündete er den Rest der Kerzen. Er hatte Mühe,
zu jeder Kerze den vorgeschriebenen Text zu denken, so aufgeregt
war er. Vielleicht sollte er ja doch laut reden? Doch als ihm dieser
Gedanke kam, war er schon durch und jetzt musste ja sowieso die
Hauptkonzentration kommen.

Starr richtete er seinen Blick auf das erste Bildchen, ein dünner
Junge, und begann sich zu konzentrieren.

> Ich mach ein Lied aus Stille,
> ich mach ein Lied aus Licht.
> Ich mach ein Lied für Training,
> ich mach ein Lied für Kraft.
> Ich mach ein Lied für Muskeln,
> ich mach ein Lied für mich.

Die neuen Wörter waren ihm einfach so in den Sinn gekommen, und er steigerte sich weiter hinein. Die Beine schienen zu vibrieren, als ob er tatsächlich im Training wäre.

Jetzt konzentrierte er sich auf das Lauftraining. Leise murmelte er sein Gedicht

> Ich mach ein Lied aus Stille,
> ich mach ein Lied aus Licht.
> Ich mach ein Lied für Training,
> ich mach ein Lied für Kraft.
> Ich mach ein Lied für Muskeln,
> ich mach ein Lied für mich.

Das ging schon flüssiger.

Und so arbeitete er sich durch die ganze Zeichnung, die Konzentration hielt, wie er es geübt hatte, er schien allein zu sein auf der Welt mit seinen Kerzen und seinem Wunsch, der ihm jetzt immer deutlicher vor Augen trat.

Ich mach ein Lied aus Stille,
ich mach ein Lied aus Licht.
Ich mach ein Lied für Training,
ich mach ein Lied für Kraft.
Ich mach ein Lied für Muskeln,
ich mach ein Lied für mich.

Dann war er am Ende der Zeichnung angelangt. Und jetzt?

Eigentlich müsste doch so etwas wie ein Ruck durch Welt gehen!

Nach so viel Anstrengung! Aber es passierte nichts. Die Kerzen brannten ruhig, die Vögel hinter ihm im Gebüsch schimpften laut über seine Störung ihres Territoriums, in der Ferne schlug die Kirchturmuhr.

Paulchen sah zu, wie die kleinen Kerzen langsam herunterbrannten. Eine nach der anderen verlöschte im Sand ihres Blumentopfes. Er war unendlich enttäuscht und auch irgendwie innerlich leer. Fünf Wochen lang hatte er auf nichts als dieses Ritual hingearbeitet, und jetzt geschah einfach nichts.

Als auch die Personenkerze verlöschte, drückte er mit dem Stummel, der von der Anzündekerze übrig war, die Tischkerzen aus, packte alles wieder in seinen Rucksack und machte sich auf den Heimweg.

Dort räumte er schnell die mitgenommenen Sachen wieder auf ihren Platz, denn es war schon gegen Mittag und Mutter würde gleich heimkommen.

Eine unerwartete Wendung

Paulchen ließ weiter den Kopf hängen. Seine Mutter dachte, er habe sich am Morgen gelangweilt, und versuchte ihn zu trösten: „Nur noch drei Tage, am Montag fängt die Schule wieder an, da kannst du wieder mit deinen Kumpels zusammen sein!" Aber das tröstete ihn überhaupt nicht, machte seine Enttäuschung eher noch schlimmer.

Als am späten Nachmittag Vater nach Hause kam, wirkte der ganz aufgeregt. Er rief alle zusammen, weil es wichtige Neuigkeiten gäbe. „Stellt euch vor, was mir heute passiert ist. Da kommt doch dieser Meier aus der Abteilung drei in der Kantine an meinen Tisch, wisst ihr, der Typ, über den wir immer so gelacht haben, weil er einmal Mister World werden wollte! Er fragt, ob ich nicht wüsste, wo in unserer Gegend eine Scheune oder etwas Ähnliches zu mieten wäre. Und dann kam heraus, dass er seine Fitnessgeräte in einer Remise stehen hat, nur zwei Dörfer weiter von hier. Und die ist ihm zum Quartalsende gekündigt worden. Jetzt sucht er einen neuen Platz. Und da ist mir die Idee gekommen, wir könnten ihm ja unseren Hobbyraum vermieten! Wir benutzen ihn nicht, und ein bisschen Geld kann man immer gebrauchen. Da ist ja auch ein Außeneingang und eine Dusche ist auch da. Wir haben so hin und her geredet, und der Meier ist einverstanden! Er meint, der Platz würde reichen, und nach seiner Anleitung könnte Paulchen die Geräte dann auch benutzen. Er hat es auch mir angeboten, aber das ist wirklich nicht mein Ding. Was meint ihr dazu?"

Paulchen hörte immer aufgeregter zu. Das war ja die Erfüllung seiner Wunsches! Hatte das Ritual doch gewirkt? Oder war es bloß Zufall?

Mutter begann gleich mit den praktischen Überlegungen. „Also die Gartenmöbel kommen im Herbst in die Hütte. Das Kleinzeug, was da herumsteht, können wir am Wochenende gemeinsam aufräumen. Omas Bücher mit dem Bücherregal kommen in Paulchens

Zimmer, schließlich gehören sie ihm eigentlich, wie Oma ausdrücklich vermacht hat."

Wie bitte? Der Junge glaubte sich verhört zu haben. Diese Bücher hatte Oma *ihm* vermacht? Und niemand hatte ihm das bisher mitgeteilt! Da hätte er sie ja gar nicht heimlich angucken müssen! So viele Neuigkeiten!

„Ja, ich denke auch, er ist jetzt alt genug dafür." ergänzte Vater. „Der Marker, den ich draufgelegt hatte, ist auch schon seit ein paar Wochen nicht mehr da." berichtete Mutter. Also das hatte geklirrt, als er die erste Kiste geöffnet hatte! „Naja, wenn ich überlege, was unser Junge in der letzten Zeit so getrieben und eingekauft hat, vermute ich, dass er sein erstes Ritual schon hinter sich hat." ließ sich Vater wieder hören.

Paulchen wurde rot. Die Eltern hatten anscheinend alles gewusst! „Und, hat es gewirkt?" fragte Mutter. Paulchen konnte vor Aufregung kaum antworten. „Ja!" stieß er hervor, und noch einmal „Ja!"

Langsam wurde ihm klar, was das alles bedeutete: Er brauchte nicht in ein teures Fitness-Studio, er würde alles hier zuhause haben, sogar seinen „eigenen Trainer". Und statt Kosten gab es für die Familie noch zusätzliche Einnahmen. Und voller Glück rezitierte er in Gedanken sein Wunscherfüllungsgedicht:

> Ich mach ein Lied aus Stille,
> ich mach ein Lied aus Licht.
> Ich mach ein Lied für Training,
> ich mach ein Lied für Kraft.
> Ich mach ein Lied für Muskeln,
> ich mach ein Lied für mich.

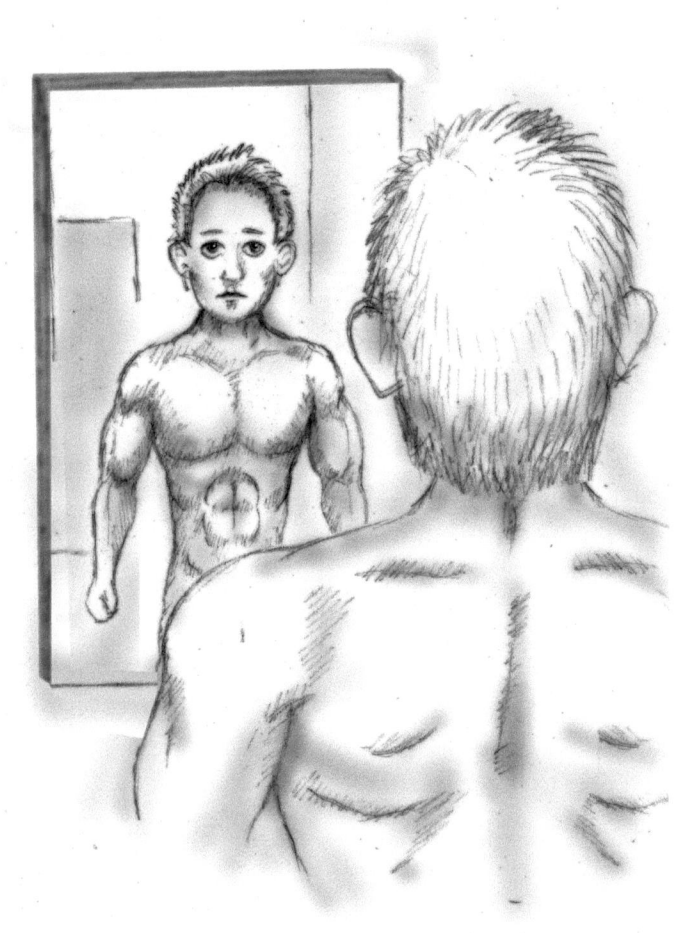

Nachwort

Lieber Leser, liebe Leserin,

wenn Ihnen die Geschichte von Paulchen gefallen hat, haben Sie vielleicht Lust bekommen, selbst einmal ein solches Kerzenritual durchzuführen. Die Anleitung dazu ist auf den „Schreibmaschinenseiten" enthalten. Sie können nach diesen Blättern genauso Schritt für Schritt vorgehen, wie Paulchen es getan hat. Dabei wünsche ich Ihnen viel Erfolg!

Aber möglicherweise ist Ihnen die Liste der hier genannten Anwendungen nicht umfangreich genug, haben Sie ganz andere Anliegen und Wünsche. Dafür gibt es weitere Möglichkeiten, die jedoch den Umfang dieses Büchleins gesprengt hätten.

Die hier genannten Themen orientieren sich an den Planetensymbolen der Astrologie, die für solche Zwecke besonders praktisch sind. Für die auf den Seiten 28-30 (Omas Seiten 5-7) genannten Themen gelten folgende Entsprechungen:

Thema 1	Symbol Sonne
Thema 2	Symbol Mond
Thema 3	Symbol Merkur
Thema 4	Symbol Venus
Thema 5	Symbol Mars
Thema 6	Symbol Jupiter
Thema 7	Symbol Saturn

Es gibt umfangreiche Listen, was diese Symbole beinhalten: Gegenstände, Gefühle, Orte, Berufe, Krankheiten, usw. Jeder nur denkbare Wunsch lässt sich in einem dieser Symbole wiederfinden.

Dafür gibt es eine richtiges Nachschlagewerk: Die vier Bände „Handbuch der astrologischen Zuordnungen". Hier kann man nach Wunsch Farben, Blumen, Steine, Duftöl und Räucherwerk für alle möglichen Anliegen finden.

Band 1	Band 3
Zuordnungen A - Z	Pflanzen, Steine, Düfte
250 Seiten, broschiert	310 Seiten, broschiert
ISBN: 978-3-86858-451-6	ISBN: 978-3-86858-425-7
Preis: Euro 20,--	Preis: Euro 25,--
Band 2	**Band 4**
Planeten, Zeichen, Häuser	Berufe, Geografie, Medizin
422 Seiten, broschiert	282 Seiten, broschiert
ISBN: 978-3-86858-448-6	ISBN: 978-3-86858-344-1
Preis: Euro 30,--	Preis: Euro 25,--

Dies ist ein Wörterbuch der Astrologie. Ebenso, wie man auch als guter Sprachkenner immer wieder ein Wörterbuch zur Hand nimmt, so dient dieses Handbuch dem Nachschlagen aller möglichen symbolischen Bedeutungen. Es ist die moderne Fortführung der Jahrtausende alten astrologischen Signaturenlehre.

Weitere Werke der Autorin

Hannelore Goos

Gelebte Tierkreiszeichen
Anleitung zu einem erfolgreichen langen Leben

In diesem Buch wird nach Auswertung von mehr als 50 000 Lebensdaten untersucht, welchen Zusammenhang es zwischen der Sonnenposition in den Tierkreiszeichen und der Lebenslänge gibt.

188 Seiten, Taschenbuch
ISBN 978-3-8370-5141-4
€ 16,50

(2. überarbeitete Auflage von „Die Lebenszeit der Sternzeichen")

Chirongeschichten
Trauma und Charisma im Horoskop

An Geschichten, die Menschen hierzu eingeschickt haben und an Lebensläufen Prominenter wird dargestellt, was die Position des 1977 neu entdeckten Himmelskörpers Chiron im individuellen Horoskop bedeutet.

Alle diese Menschen haben entsprechend ihrer Chiron-Position eine traumatische Erfahrung gemacht, die vielfach für ihren späteren Lebensweg bestimmend war.

Anhand von Horoskopzeichnungen wird das Erzählte astrologisch untermauert.

160 Seiten, Taschenbuch
ISBN 978-3842360136
€ 12,90

Internet

Die Autorin unterhält eine kleine astrologische Webseite unter

http://www.sonnenastro.de

Dort sind regelmäßig Informationen über weitere Veröffentlichungen zu finden.

Hannelore Goos selbst kann unter der Adresse

HGoos@Sonnenastro.de

per E-Mail angeschrieben werden. Astrologische Beratung wird allerdings nicht angeboten.

Alle Bücher von Hannelore Goos sind erschienen bei Books on Demand, Norderstedt.

**Sie sind erhältlich in allen Buchhandlungen,
signierte Exemplare kann man in ihrem Webshop bestellen
unter
http://www.hg-shop.eu**